语料库数据下的汉语空间词认知与翻译研究

金 叶 顾莹华 著

九州出版社
JIUZHOUPRESS

图书在版编目（CIP）数据

语料库数据下的汉语空间词认知与翻译研究／金叶，顾莹华著 . --北京：九州出版社，2023.3
ISBN 978-7-5225-1700-1

Ⅰ.①语… Ⅱ.①金… ②顾… Ⅲ.①汉语-词汇-翻译-研究 Ⅳ.①H159

中国国家版本馆 CIP 数据核字（2023）第 046760 号

语料库数据下的汉语空间词认知与翻译研究

作　　者	金 叶 顾莹华 著
责任编辑	李创娇
出版发行	九州出版社
地　　址	北京市西城区阜外大街甲 35 号（100037）
发行电话	（010）68992190/3/5/6
网　　址	www.jiuzhoupress.com
印　　刷	唐山才智印刷有限公司
开　　本	710 毫米×1000 毫米　16 开
印　　张	12
字　　数	128 千字
版　　次	2025 年 3 月第 1 版
印　　次	2025 年 3 月第 1 次印刷
书　　号	ISBN 978-7-5225-1700-1
定　　价	68.00 元

前　言

　　本书以具体汉语空间词语为切入点，围绕语料库数据支撑下的汉语空间短语的语义变化展开研究，探讨人工智能时代背景下，基于大数据的汉语语言认知及翻译研究。第一章首先探讨了语言使用观下语言的基本功能，并以例子入手描述了语义变化和一词多义之间的关系。第二章对基于用法的语言模型展开论述，对本书涉及的理论概念予以详细解释，包括具身假设、原则性多义模型、语用推理理论和构式语法下的语言变化理论。第三章介绍了基于用法下的汉语空间短语历时研究，首先介绍了本书的背景，回顾了有关汉语空间词"上"用法的前期相关文献，然后说明了历时语义变化与共时多义之间的紧密关系，之后再次详细探讨理论框架，并给出了本书要解决的主要研究问题。第四章讨论了与本书密切相关的汉语的孤立性问题，并展示了支撑本书跨历史时期的大型汉语语料库数据的收集和处理方式。在第五章中，本书从认知翻译学视角，对上古汉语、中古汉语及当代和现代汉语中空间词"上"在概念隐喻和语用推理作用下产生的创新含义进行展示和解释。研究发现，随着汉语词语在更多不同的语境中被使用，空间词"上"的含义往往变得越来越抽象。第六章重点介绍包含空间词"上"的各种构式的发展以及"上"的各种新用法如何在构式网络中受到不同语言图式的认可。第七章展示了本书研究的启示并解释了研究结果，从若干方面探讨了本书研究的意义，包括概念隐喻和邀请推理对空间词历时发展变化的作用、语义变化和多义性之间的关系、网络中相关联的语言变化、语境和历时发展之间的关系，以及语义变化对汉语空间词的语义和语法的影响等。第八章总结并概括了本书主要解决的基于大数据的汉语空间语言信息处理问题，探讨了本研究的不足及未来有待研究的方向。

虽然在本书的撰写中，我们投入了很多的时间和精力，经历了规范的程序和运作，但疏漏和不足之处在所难免，敬请各位学者同仁谅解，并不吝赐教。

本书由中央高校基本科研业务费专项资金资助（项目号：2021MS112）。

2023 年 2 月 1 日于保定

目　录
CONTENTS

第一章　语言的功能 ···················· 1

　　第一节　语言的符号功能 ············· 2

　　第二节　语言的交际互动功能 ········· 5

　　第三节　语义变化和多义性之间的关系 ····· 6

第二章　基于用法的语言模型 ··········· 10

　　第一节　理论介绍 ················· 10

　　第二节　具身假设 ················· 16

　　第三节　原则性一词多义模型 ········· 22

　　第四节　邀请推理理论 ············· 26

　　第五节　语言变化的构式研究方法 ······ 28

第三章　基于用法的汉语空间短语历时研究 ···· 30

　　第一节　基于用法的汉语空间词"上"研究介绍 ···· 30

　　第二节　关于汉语空间词"上"的前期研究 ······ 35

　　第三节　语义变化相关研究 ··········· 51

　　第四节　多义性研究 ··············· 60

第四章　认知翻译学视角下的汉语空间短语研究 ················· **72**

　　第一节　研究问题 ··· 72

　　第二节　数据采集与处理 ··· 73

　　第三节　"上"在上古及中古汉语中的语义网络 ············· 84

　　第四节　中古汉语中"上"在语义网络中的不同意义 ········· 97

第五章　空间词"上"在当代及现代汉语中的语义 ············· **109**

　　第一节　从词汇到语法意义 ······································· 110

　　第二节　当代汉语中"上"的独特意义 ·························· 112

　　第三节　"上"在现代汉语中的用法 ···························· 118

第六章　包括空间词"上"的短语构式网络 ····················· **124**

　　第一节　基于使用的语言变化方法 ····························· 124

　　第二节　连接类型 ·· 130

　　第三节　网络中包含"上"的构式图式和发展 ················· 138

第七章　基于语料库的汉语短语研究启示 ····················· **157**

　　第一节　语义变化中的隐喻扩展和邀请推理 ················· 158

　　第二节　汉语空间词的语义变化与语法化 ···················· 166

第八章　总　结 ··· **169**

　　第一节　概　括 ··· 169

　　第二节　研究意义、局限性及未来研究方向 ················· 173

参考文献 ··· **176**

第一章

语言的功能

巴别塔的故事是一则体现语言力量的寓言，其展现了语言、空间和认知三者之间的关系。据说早期人类语言相通，人们试图通过合作共同建造一座通向天堂的塔。然而，上帝对这种篡夺他权力的企图感到愤怒，于是通过制定不同的语言来分散和混淆人们，确保这座塔永远无法被重建。这则寓言故事说明语言间的差异会阻碍人类之间的交流，并影响人类对空间或其他方面的认知，甚至导致人们无法实现某一目的。人们普遍认为语言仅是一种交流的手段。功能主义语言学家则指出，语言属于一个更大的系统——"人类社区中的人际互动"。在巴别塔的故事中，人们使用一种相互理解的单一语言进行共同的活动，这被认为是人们表达思想的一种方式，人们利用语言能够实现建造一座通向天堂的塔这一最终目标。这说明对话者常常使用语言来表达想法，并实现其社交目的。然而，人们在交流时往往无法弄懂对方的想法，这就会导致所谓的协调问题，所以说话者和听话者往往倾向于相信，当说话者用某种句法结构说出某些词时，其所传递的意义是相同的。因此，基于复杂及微妙思想的意义依靠语言被编码和传递出去，这涉及语言的两个重要功能：符号功能和交互功能。

第一节　语言的符号功能

语言的一项重要功能是表达思想和观念，而语言是通过使用符号来表达思想的。符号可能是词语里有意义的那部分（例如，英语中 unacceptable 里的否定前缀 un），整个词语（例如，dog、move、yesterday）或字符串（例如，Not only Tom but also Alice is enjoying the film）。这些符号包括形式（口头的、书面的或手势的）和一般情况下与这些形式相结合的意义。Langacker 称一个符号单元通常情况下由两个相关联的部分（即形式和意义）组成，因此符号单元也称为形式—意义配对。例如，形式可以是声音，如［dog］，也可以是写在页面上的字形表征：dog 或手语中的某个手势。意义是与 dog 这个词相关的常规概念或语义内容。与语言符号相关的含义与被称为概念的特定心理表征有联系，该概念源自我们对外部世界的感知。例如，当用英语描述一个像桃子这样的水果时，我们大脑的不同部分会感知它的形状、颜色、质地、味道和气味。当我们把现实世界中所有关于某个桃子的感知信息整合到一个单一的心理图像中后，peach 这一概念才得以产生。当语言形式 peach 在各种语境中被频繁地使用时，这个词有了约定俗成的意义，它与某一个概念有关，而不是直接与外部世界中的某个真实的桃子有关。换句话说，与形式相关的语言意义不仅与世界上的特定指称有关，还与概念有关。然而，由于语言由有限数量的单词组成，这些单词又与一组有限的约定俗成的意义有关，与特定单词或短语有关的约定意义仅仅为我们提供了一个提示，通过这一提示，我们可以构建更丰富的概念化元素，这一概念化的元素远比语言形式所提供的最小意义更复杂。我们以下通过展示一个包含汉语空间词"上"的例子来说明这一点。

（1.1）在桌上有一幅画。

这句话描述了一幅画相对于桌子的位置。人们对这句话约定俗成的理解是这幅画位于桌子的水平面上，图1-1（C）中的图例最能体现出这一意思。在第一次读到这句话时，此句中编码的含义似乎很简单明了。然而，即使像（1.1）这样的简单句子，它也不能完全描述该句子所含的概念。问题是我们如何知道句中所说的这幅画的位置就是图1-1（C）所示的位置，以及句中有哪些信息为我们提供了这种解释，并且排除了图1-1（A，B）中所表示的其他位置。句中"有"这个动词所描述的行为有可能涉及这幅画相对于桌子的不同位置。例如，如果这幅画被挂到桌子的前方下面的位置，那其位于图1-1（A）所示的位置；如果这幅画位于桌子上方的墙上，则其处在图1-1（B）所示的位置；如果这幅画被放在桌面上，则其位于图1-1（C）中所示的位置。

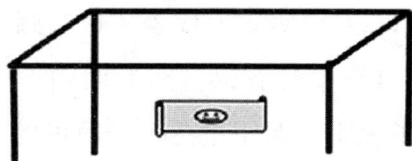

（A）

（B）

（C）

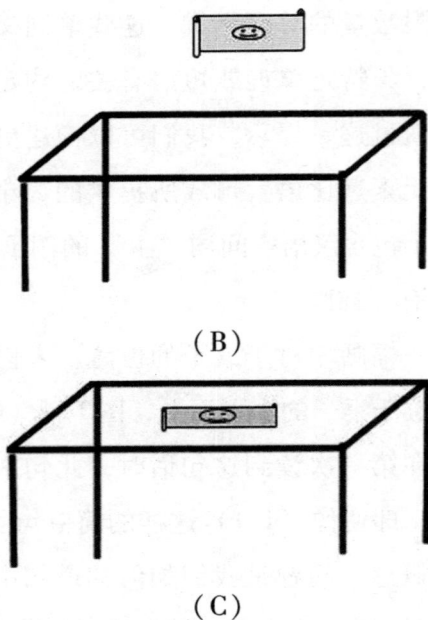

图 1-1　句子（1-1）可能的概念化图示

　　如果词项"有"本身并不含"在表面"的意思，我们就不能清楚地指明这幅画的位置，那么这一含义可能来自空间词"上"。然而，"上"也有多种含义。例如，它的意思可能是"在上面"，如"一只鸟飞到桥上"。"上"可能意味着"从较低的地方移动到较高的地方"，如"上山"。这里只是提供了"上"字可能含有的两种空间意义。上述简短讨论表明，"上"字的应用场景会涉及不同的位置及移动方向。图 1-1（C）实质上代表了这幅画在桌子表面上的位置。然而，例句（1.1）中没有语言元素明确地向我们提供这些信息。因此，这一例子表明，即使是在一个简单的句子中，某个单词所编码的语言含义也不能解释所有与这些含义有关的概念。丰富的百科全书知识参与并组织我们的思想，并最终构建了意义。在描述（1.1）中桌子上有一幅画这一简单句子时，涉及以下知识：（1）这幅画比桌子小；（2）办公桌有一定的高度；（3）桌子表面平整；（4）书桌的表面是它最突出的部分；（5）书桌可以支撑那幅画；（6）将那幅画放在书桌表面时，那幅画处于高于地面的位置，在没有外力的情况下不会掉落在地面上。以上这些信息（可能还有更多）都用于构建（1.1）句子里丰富的概念化知识。（1.1）句子里的词只是构建概念化信息过程中的提示。此外，大多数以汉语为母语的人之所以会习惯性地理解（1.1）句中的"上"字为"最表面"，其中最重要的原因就是"上"字的这一意思是他们最熟悉的（或最常用）的含义。当把（1.1）这个句子给母语为汉语的人看时，大多数人毫不费力地就能理解"上"字的这一常规含义。

第二节　语言的交际互动功能

除了表现个人想法或概念外，语言在我们的日常社交体验中还发挥着交际互动作用。我们使用语言来交流和执行行动，这涉及了说话者和听话者之间丰富的概念化过程。在这个过程中，说话者通过邀请听话者解码其所提出的一个想法的含义，将信息传递给了听话者。因此，形式和意义不仅需要在话语中被结合在一起，它们必须被言语共同体中的说话者和听话者共同承认和接受。这意味着概念化的知识必须由对话者双方共享，来实现交流的目的。所以，有学者认为，我们应该把语言结构放在个体认知之外的更大的社会或交际背景中进行讨论。

各种语言事件的所处语境可以邀请对话者进行推理并对某语言

结构的常规含义进行修订。通过重复，语言社区中的对话者可以共享该语言结构所处语境中所产生的推理过程。换言之，语言表达的创新使用可以通过在特定的交际活动（即说话者—听者的互动）中固化语用推理来进行。例如，在诸如 I am going to deliver this letter 这个句子中，be going to 的使用允许说话者邀请"有意愿行动"这一推理义，而这一意义也通过重复成为 be going to 这一构式的一部分。正如上面讨论所显示的，语言不仅能用于表达意义或概念，而且还具有在某些语言社区间传递形式—意义对的交互功能。关于语言符号功能的知识可以由说话者和听话者在使用语言时共享，说话者和听话者在交流中可以为某个词或短语推导出更丰富的概念化意义。然而，只有通过频繁地在某个语境或上下文中使用，语言行为才能成为规范模式（即传统意义上的语言结构）。

第三节　语义变化和多义性之间的关系

　　语义变化与多义性之间的关系是本书探讨的关键问题之一。多义性这一现象是指有多个相关联的意义组成了单个词素的意义，并构成了某个词汇或语法项的语义网络。例如，介词 over 在英语中有不同的含义。英语为母语者基于他们在各种情况下使用该词的认知，可以很容易地识别出一个多义词的两个或多个词义之间存在语义关系。例如，over 一词有"above（上方）"和"control（控制）"等词义。然而，语言表达者并不知道某个语言结构的各种意义是如何在语言使用的历史过程中发展、被激发和塑造的，从而最终形成该单词或语法结构的语义网络。我们应该更加关注语义变化与多义性之间的关系这一问题，因为在这个领域中，我们上述谈到的语言的符号和交互功能才能得以体现。

语义变化长期以来一直是吸引历史语言学家关注的领域，但早期关于语义变化的研究区别了传统意义上的词汇和句法。一方面，通过分别探讨词汇语义变化和语法化来区分一个词的词汇意义和语法意义。另一方面，一种基于用法的语言分析方法（例如，认知语法）认为词汇和语法语素（或内容词与功能词）之间没有明确的区分，毕竟我们很容易找到在词汇—语法连续体两个极端之间的中间例子。

此外，传统的语义变化研究区分了语言和语言外知识（或语义学和语用学），将语言使用仅视为语言表达者语言知识的输出。语义变化被传统认为是语言知识单独运作的结果，而不是在语言使用的历史过程中被激发的结果。然而，基于使用的语言分析方法没有划分语言知识和语言外知识，其提出"使用事件驱动内部语言系统的形成和运行"。这意味着语言表达者的语言知识是有规律的，而这些规律是在语言使用中处理语言外知识时所产生的。

认知语法代表基于使用的语言方法，认为语法由"一组不断发展的认知惯例组成，这些惯例在语言使用中被塑造、维护和修改"，这意味着认知能力和语言的语法之间没有明确的界限。说话者可以通过概念化的方式为一个词赋予新的意义。语法可能无法完整描述哪些成分可以作为某个词的含义，但它可以为说话者提供可依赖的资源，并使他们能够在现有用法的基础上构建新用法。此外，一个词的新用法在被频繁使用后可能会成为一个约定俗成的单位，进而再补充某一语言的语法。

某个词项如果相对较新的意义（如"上"字"向更高位置移

动"的这一意义）在被对话者在各种语境中频繁使用后，在某个特定时间成为历史上既定的语言单位时，则会产生词义变化。新形成的符号集则组成了制约结构（即图式），它可以用于制约该词在使用事件中产生的更具创新性的含义。例如，当说话者要描述"上山"这一情况时，如例句（1.2）展示的，他/她很可能会想到用"上"这个词，随后我们有了"上"字更新颖的用法，如（1.3）及（1.4）所示。

（1.2）上山

（1.3）上车

（1.4）上街

从这些例子中可以看出，（1.2）中的动词"上"表示"向高处移动"；"上"在例子（1.3）中强调"坐上车"这一意义，在这种情况下，车辆的位置通常比上车的人所处的位置高；"上"在（1.4）中表示"向目的地移动"，而这一目的地不一定是在高处。我们的研究发现以上显示的"上"的三个意义是相关联的，并且按顺序依次出现。

我们将在后续章节的分析中表明，（1.3）和（1.4）中的两种"上"的意思是基于语用推理从（1.2）中的"上"（意思为"向更高处移动"）的用法衍生而来的，后两个"上"的意思并不完全符合前一个"上"的意义。（1.2）中的"上"描述了一个实际的物理运动，但是与（1.2）中的"上"相关的"向高处移动"的意义在（1.3）和（1.4）中的"上"的用法中并没有词汇化。

上面的例子表明，当说话者使用"上"这一字来表达更具创新性的意义时，他/她并没有完全遵循"上"现有的语言约定，他/她可以为图式带来额外的信息。这种额外的含义可能来自使用该词的特定上下文，也可能基于说话者自己关于该词的常规用法（即图式）。因此，我们认为只有通过考查"上"的后一个意义首次出现的例证，才能理解导致其较新用法所产生的动机。

另外，通过重复使用，后一个"上"的用法可以成为一个语言单位，进而改变这个词的惯有用法（图式）。也就是说，新形成的词义在不同的语境中被反复使用后，可以成为约定俗成的单位，或者可以成为一个词的约定意义。因此，语义变化和多义性被认为以交互的方式相互影响。

事实上，语言使用者对语义变化一无所知，他/她知道的是共时多义性（即一个词在特定时期的各种不同含义的使用方式），但历时语义变化确实导致一个语言项各种不同含义的形成。首先，语言项的常规使用可以为说话者提供可依赖的资源。例如，说话者可以选择用现有的语言形式如"上"（其早期的意思是"搬到一个更高的地方"）来表达"去一个目的地"这一更新颖的意义。

其次，某个语言项的常规含义可以在某种程度上限制一个多义词的新用法。例如，当"上"被创新地用于表示"登上一个大物体（汽车、船或床）"时，"上"早期的"移动到更高的位置"的含义并没有完全消失。我们需要注意的是，一个多义词的特定含义如果不经常被使用，可能会在某个时候消失。创新意义只有在语言社区中被说话人经常使用，才能获得单元性地位，成为约定俗成的语言结构。语义变化与多义性的关系需要我们对使用实例进行历时性的观察，只有这样，我们才能理解两者如何相互作用并影响语言结构或语言系统。

第二章

基于用法的语言模型

第一节　理论介绍

由于基于用法的语言模型融合了功能学派及认知框架的核心思想，许多理论可以协同进行，为基于用法的语言研究提供了坚实的基础。本书采用了四种理论来代表基于用法的语言研究方法，即具身假设、原则性多义模型、邀请推理理论和构式方法下的语言变化。这些理论虽然侧重不同方面，但都强调语言结构与语言使用实例之间的密切关系，都将我们使用语言的经验视为塑造语言结构的重要因素。在接下来的讨论中，我们将首先介绍基于用法的语言模型，然后详细说明本书中采用的四种理论。

"基于用法"的概念首次在语言环境中被使用（Langacker，1987，第 64 页）。Langacker 描述性地使用它来区分"认知语法"和"生成语法"概念，正如下文所述：在将认知语法描述为一种"基于用法"的语言结构模型时，我想到了这种方法的"最大化""非还原"

和"自下而上"的特征（这与"极简主义""还原"以及"自上而下"的生成理论特征相反）。

生成理论中语言知识的极简主义概念将语言的语法视为"尽可能最小的语句集，避免所有冗余"，并表明核心语法仅包含一般规则和普遍原则。语法（尤其是句法）被视为"语言结构的一个独立层次或维度"，或者是一个独立于词汇和语义的自治系统。相比之下，认知语法中的最大化主义观点将语言系统视为"大量的、高度冗余的约定单位清单"，约定单位涵盖了"从完全一般性到完全特质"的范围，这意味着有效的概括（在认知语法中由意象图式单元表示）和实例化表达式都可以包含在语法中，前提是它们具有"单元"的状态（即作为一种认知规范容易被看出是约定俗成的，并被认为是一个整体）。此外，最大化主义的观点认为语义学和语用学（或语言学和语言外知识）之间是没有区别的，这表明在我们的概念能力和某种语言的语法之间并没有明确的界限。

生成理论的还原精神反映了对特定结构的极简主义思想，即"如果语法规则完全描述了特定结构的组成，则该结构本身不会单独被列在语法中"。换句话说，生成式语法学家通常反对将一组经过充分描述的表达式列在语法中。相反，认知语法支持非还原观点，允许对比一般模式或图式用更具体的语言表达实例进行详细描述和阐述（例如，卡通书中的蛇是一种特定类型的爬行动物，具有特定的尺寸、颜色和行为）。认知语法并不采取"自上而下"的方法（即几乎只关心一般规则和原则），而认知语法模型采用"自下而上"的方法，它对一般模式背后的传统实例给予了相当大的关注，并研究了"所讨论模式的实际扩展以及影响它变化的因素"。换句话说，特定实例和图式模式（即从特定实例中抽象而来的模式）之间的关系是任何语言中语法的核心，我们只有通过分析语言表达的实际使用才能观察到两者间的关系。正如 Coussé 和 von Mengden（2014，第2页）所总结的那样，Langacker 基于用法的语言模型的重要理论创新是"心理表征基于用法而不是基于先天的语言能力"，这表明先天语言系统发展的基础是说话者和听话者使用特定的语言。

植根于 Langacker（Langacker R W，1987，1988）的理论著作，基于用法的语言研究受到了广泛关注。然而，由于基于使用的语言模型包含"在更大的功能/认知框架内融合思想"，人们对"基于使用"的概念在描述语言时究竟意味着什么存在误解。Kemmer & Barlow（2000，第 viii—xxii 页）总结了大多数基于使用的模型所共享的以下典型假设：

- 语言结构与语言使用实例之间的密切关系；
- 频率的重要性；
- 对语言系统而言，理解和产出是不可或缺的，而不是外围的；
- 专注学习和经验在语言习得中的作用；
- 作为自然发生的语言表征，而不是作为固定实体被存储；
- 用法数据在理论构建和描述中的重要性；
- 用法、共时变化和历时变化之间的密切关系；
- 语言系统与非语言认知系统的相互联系；
- 语境在语言系统运行中的关键作用。

　　基于用法的语言研究的核心在于语言结构和用法之间的密切关系，这一关系有助于定义什么是"基于用法的方法"。然而，"语言结构"一词存在一定程度的不确定性。大多数基于用法的模型所关注的一个基本主张是，语言"结构〔被〕学者认为是关于心理结构和操作的主张"。换句话说，语言结构被认为是存在于人类认知中的，并且心理结构被认为与在线心理处理中的使用相互作用。这个想法被称为"以认知为导向的观点"或"以认知为中心的观点"，它认为"说话者的语言系统从根本上以使用事件为基础"。这里的术语"使用事件"是指说话者在语言使用和理解下的实例。正如 Kemmer & Barlow 得出的结论，"根植于"意味着说话者的语言系统以两种方式与使用事件密切相关：第一，说话者的语言系统的形成取决于说话者理解和使用的实例。第二，说话者语法中更抽象的语言表征与说话者经历的特定使用事件之间存在直接的关系。有人认为，使用事件本质上是特定的，它为任何给定的语言话语提供了词汇意义，并且语言系统的形成是从重复相似实际使用例子中逐渐抽象出更一般的表现形式（例如，音素、语素和句法模式）的过程。从特定使用事件中抽象出来的一般模式通常称为图式，它被定义为"一种认知表示，包含了对使用实例之间感知相似性的概括"。图示不同于意象图示，其中图式是基于语言使用的实例，图式反映了语法在头脑中是如何组织的，而意象图式涉及反复出现的具身经验。

　　Langacker（Langacker R W，1988，第130页）指出"一个语法模式对应的图式可以看作是构建实例化表达式的模板"，这意味着图式是一个复杂结构，其内部组织与语法形式相匹配，图式还捕捉了实例化表达式的相关特征。语法当中图式和实例的共存，对新实例的建立有很大影响，这导致了语言表征与用法相关的另一种方式，即使用事件对语言系统进行持续组织和塑造。在图式及其实例的帮助下，说话者可以以其他方式访问语言单元（从音素到结构）：语言单元可以被直接激活，或者可以通过使用图式而被建立起来。这表明新的语言实例可以在整个语言使用过程中产生，因为说话者可能会将各种实例视为具有单位性的状态。因此，人们认为使用事件"既是语言系统本身的结果，也以循环的形式塑造了语言系统"。换句话说，对语言使用实例的研究对我们理解语言系统形成和被塑造的方式至关重要。

Langacker（Langacker R W，1987，第65-66页）将为抽象概念寻找合适的语言表达定义为编码问题，其解决办法就是一个目标结构。目标结构就是一个使用事件，它包含一个符号集（形式—意义对），由说话者在特定的环境中用于特定的交际目标。根据 Langacker（1987，第58页）的说法，符号集包括语义和语音结构之间的配对，其可以获得单元性状态。一个符号集不同于同样也包含了形式和意义对的符号。与符号集不同的是，符号的形式可以由单词或语素以外的元素表示，如路标或手势。其与上下文相关的抽象概念和某种语音结构在目标结构里相互结合。所以，有人认为并不是某个语言的语法造就了一个目标结构，而是需要解决特定使用事件中编码问题的语言表达者。然而，传统的单位或图式确实为语言使用者提供了许多象征性的符号资源，允许说话者选择能表达其概念的语言单位。所以，我们看到正是由说话者来判断某个语言单位在某个场景成为固定表达的程度（Langacker 称为识解），说话者从而应对实际使用环境中的各种限制。基于理论上的缘由，Langacker（Langacker

R W, 1987）将常规固定单位与目标结构之间的关系分为两种（尽管在实践中几乎没有呈现出差异），即完全允许和部分允许。当目标结构符合语法中的约定常规单元时，这些单元被认为是允许实际使用的。

另外，语言结构也可以称为"分析者通过观察语言数据而得出的假设结构，并不期望这些结构在认知上被实例化"。这意味着语言结构可能不会直接与心理结构相关联，它们可能会受到其他因素的影响（例如，交际需求、使用环境和社会信仰）。学者们尽管对语言结构的内容有两种解释，但与上面讨论的第一种主流意见相比，第二种解释并没有受到同等的关注。直到最近，以交流为中心的基于用法模型才出现，这表明"至少可以判定分析者所认为的语言结构是一种社会或者一种交流系统，是有道理的"。我们虽然可以假设某些创新的语言行为是个体说话者心理加工的结果，但 Coussé 和 von Mengden（Coussé & von Mengden，2014）认为，在创新表达之前需要有一些传统的理解，以便说话者知道其他对话者可以成功理解其对语言结构的创新使用。语言使用中对传统理解（或传统协调装置）的要求表明"一个语言系统不能完全位于说话者的头脑中，而是为了在交流中有用，同一系统需要被在同一语言社区的其他说话者高度共享"。换句话说，正是在交际活动中（或者，实际上，说—听者互动中），语言结构出现并获得创新用法。这种以交流为中心的观点通过强调语言结构的社会和交流因素来补充以认知为中心的基于用法的模型。

两种语言结构视角的差异似乎导致了基于用法的模型中的认知系统和社会系统的不同。我们不希望将这两个系统严格分开，在认知层面和社区交流层面建立对立。相反，我们同意 Peter Harder 的观点，他是"认知语言学的社会转向"的主要支持者之一，他认为（Harder，2012，第519页），面向语用的认知语言学需要识别三个不同但密切相关的描述对象：（1）用法流程是基本层次，（2）语言是语言社区的一种属性，（3）语言作为单个说话者的属性（使他们有资格成为语言社区的成员）。

以上的引述表明，一种创新的语言行为可能会基于个体说话者自身处理现有语言形式的经验而产生，但是如果语言社区中的大多数说话者不共享这种新颖的用法，它则不可能成为常规单位。

总之，我们认为在分析语言使用实例（本研究中的语义变化实例）时采用基于用法的方法是必不可少的，原因如下：基于用法的方法（涉及认知和交流的角度）可以揭示语言结构和使用事件之间的交互关系，从而提供证据，证明语言结构的可变性如何被反映到语言使用中（例如，词汇语义变化以什么方式助力一词多义的产生）。我们承认说话者的语言行为是可变的，它受个人认知、交际需求和语言使用环境的影响，因此语言系统的本质是，它是动态的。换句话说，基于用法的模型要求我们处理"可修改性和可调整性"时，将其作为语言结构性质的一部分，也应将其作为语言系统本身的一部分。

第二节　具身假设

在语义学中，我们通常可以找到两种分析语言单位意义的方法。

传统上，大多数语言分析哲学家（如勒内·笛卡尔）和乔姆斯基语言学家认为，语义在很大程度上是指称性的（强调词语与世界指称关系中的真假条件），而句法结构可以被理解为一种逻辑关系，语用学则可能与"歧义、主观性和错误"相关联。然而，在另外一种方法中，语言的基本目标不是客观地描述世界，而是交流共同经验的思想，这些思想被嵌入在认知和社会情境中。作为第二种语言方法的代表，认知语言学最基本的问题之一是我们的身体、认知和社会体现如何影响语言分类和抽象概念？换句话说，我们所表达的意义是否受到认知、身体和社会体现的塑造和约束？

在过去的 20 年里，具身这一概念在认知科学中受到了很多的关注。然而，由于当代的不同用法，人们对"具身"一词在认知语言学中的确切含义产生了混淆。根据 Rohrer（Rohrer，T.，2010）的说法，针对我们的认识而言，"具身"这一概念由至少 12 种并非完全独立的解释构成，并且可能无法在单个研究项目中用直接的方法彻底反映"具身"的不同含义。此外，研究人员不可能探究"具身"的 12 种用途并得出合理的研究发现。所以，有学者提出，那些在"具身"的不同用途间"搭建桥梁或者进行平行实验的研究项目"变得尤为重要。

实际上，人们对具身假说的批评将"具身"的许多含义分为两种普遍的用法，可以将其更好地描述为"具身作为广泛经验"和"具身作为身体基质"。在第一组中，"具身"是指"关注语言使用者特定的主观、文化和历史语境体验的维度"；在另一组中，该术语强调"生理和神经生理身体基质"。然而，"具身"的意义都包含这两个群体的特征。

为了避免该术语的使用混淆，我们必须从一开始就确定"具身"的含义。我们认为"具身"包括体验方面和身体基质，这表明我们作为个体对外部世界的物理/身体体验，以及我们作为社会和文化群体中的社区成员的体验都可以定义"具身"。然而，我们承认"具身"更多的是与身体有关，这意味着并不是我们所经历的一切都属于"具身"的范围。因此，"具身"意味着我们概念系统的大部分，以及我们语言的某些方面，其都是由我们在社会和文化背景中的身体经验构成的。我们通过介绍本书中涉及的"具身"的一些用法来解释这个操作定义。

在最初的建立中，具身假设来自对隐喻投射方向性的认识。Lakoff 和 Johnson 指出，我们用来描述特定经验的大部分日常语言都是系统性地受到数量有限的隐喻所影响的，这些隐喻被称为概念隐喻（既是为了将这种更系统的隐喻概念与传统观点中的文学隐喻区分开来，又是为了强调隐喻与认知和概念结构有关）。我们发现相对较少的概念隐喻主要依赖来自身体经验的领域，身体源领域在构建更抽象的目标概念方面起着重要作用。Lakoff & Johnson（1999，第117-119页）还认为"三种自然体验"——身体体验、物理环境体验和文化体验，组成了比其他概念更基本的"体验格式塔"组合，其中一些自然体验可能是普遍的，其他体验可能因文化而异。Lakoff & Johnson 认为这三种体验都具有认知表征。

然而，有人批评 Lakoff & Johnson 没有对具身假设里的核心进行具体解释，强调"体验式格式塔"作为自然体验的这一观点需要被进一步解释。

基于 Len Talmy（Talmy，1972，1975，1978）和 Ron Langacker

（Langacker，1976）在 20 世纪 70 年代中期对空间关系术语的研究，George Lakoff 和 Mark Johnson 于 1987 年首次在 Johnson 的书《心灵中的身体》和 Lakoff 的书《女人、火与危险事物》中同时引入意象图式这一概念。Johnson（1999，第 xiv 页）将意象图式定义为"我们感知交互和运动程序的重复动态模式，它为我们的经验提供了连贯性和结构……"他认为"这些模式主要是作为对我们有意义的结构出现的，主要是通过空间、我们对物体的操纵以及我们的感知交互这些层面起作用的"。这意味着世界的空间物理特性为我们的感官知觉和由此产生的抽象概念提供了基本结构。例如，意象图式"盒子"是一种意象图式结构，它源于我们对物理收纳的反复体验（例如，将物体放入盒子中以及从盒子中取出）。

此外，意象图式概念结构可以隐喻地发展和扩展为意义和思维模式的抽象结构。一个特定的意象图式"可以比喻性地发展和扩展为一种结构，围绕这种结构意义被在更抽象的认知层次上所组织"。与这种观点一致，我们之所以可以谈论"感觉向上或向下"，是因为基于身体体验中的直立姿势或下垂姿势，概念隐喻里"上""下"源域里的拓扑结构（意象图式）被映射到目标域的"幸福"或"悲伤"中。相应地，意象图式的内部结构可以被扩展、转换，以及隐喻性地被投射，从而赋予英语介词（例如，over）不同的但相关联的意义。有人提出，意象图式可以促进抽象概念的构建，如隐喻和转喻，从而在后期能促使多义词的历史发展。因此，认知语言学家提出多义词的含义可以用隐喻、转喻和不同种类的意象图式来表征。然而，意象图式本身并不能解释特定词汇项的所有意义，一些意义可能从词语使用中的语境中获得。

产生于 Lakoff 和 Johnson 在概念隐喻和意象图式中的两种"具身"的用法已成为认知语言学里对"具身"的普遍认识：我们身体与整个时空世界的功能在构建我们的概念系统时发挥着核心作用；我们身体经验的一部分使与反复经验相关的概念系统变得有意义。换句话说，人类对世界的体验是由我们拥有的身体类型所影响的，而正是身体的性质（我们的生理和神经结构）在很大程度上决定了我们如何体验以及与世界互动，正是这种身体体验产生了概念系统（或意义）。Tyler & Evans（2003，第 24 页）指出"语言表达的概念应该主要来自我们对时空体验的感知"。换句话说，概念系统的大部分是有"具身"性的，空间物理经验提供了许多基本的语义（或概念）结构，其他概念是基于这些结构构建的。

因此，我们所感知的现实世界里的空间属性是概念结构的核心，也是空间概念里某些意义的核心。研究发现，在不相关的语言中，某些空间概念，如汉语"上"和"下"，英语 UP 和 DOWN，可以被用来概念化相同的抽象概念，包括心理状态、社会地位、数量和时间。例如，数量的增加是基于空间概念"上"来被概念化的，这导致英语表达"Hope my income rises"（希望我的收入增加），中文表述"鸡蛋价格又涨上去了"。这两个例子采用了相同的概念隐喻 MORE IS UP "多即是上"，这是由于我们在向容器中倒入更多液体并看到液位上升，或者向一堆物品中添加更多东西看到堆积物越来越高时产生的共同经验。这些例子表明，我们与外部世界的物理交互使我们能够拥有关于某些概念相互关系（例如，概念 MORE 和 UP）的基本内化知识，因此允许我们在描述所讨论的概念时为特定术语分配含义。

然而，一些研究人员提出，"具身假设"必须通过在更大的语境中观察"具身"来走得更远，即加入社会和文化语境对某些词的意义所形成的影响。例如，Zlatev（1997）和 Sinha（1999）强调回到更具文化背景的具身理论中，因此"具身"一词也可以被用于身体、认知和语言处于社会和文化环境中时。换言之，这种观点认为，我们所拥有的社会和文化经验也在构建我们的概念体系中发挥了作用。将"具身"与社会和文化背景分开的所谓去情境化的具身方法受到了批评。Zlatev（1997，第 1-2 页）引进了"情景具身"这一概念而强调"一方面的身体倾向和活动，以及另一方面的社会文化实践"。也就是说，与其关注认知和物理/身体间的互动，"文化认知"这一方法通过将认知"置于"基于社会文化的背景中，从而扩展了"具身"的概念。从那时起，关于语言、认知和概念化的社会文化情景化观点持续升温，尤其是在隐喻研究方面。

正如 Zlatev 所指出的，选择特定的隐喻受到了文化理解里结构的限制，因此一个恰当的映射从源域被提供到文化模型的部分里来生成一个隐喻。另外，"广泛"或"分布式"的认知观点很可能支持这样一种观点，认为即使是源自反复出现具体经验，并且经常充当概念隐喻源域的意象图式，也可能会受到文化的影响，尤其是当在不同文化里不同方面的具身经验被认为在人们的生活中特别突出和有意义的情况下。例如，英语和中文都从空间概念的角度来理解抽象的时间概念，但英语在水平和垂直方向上将时间概念化（例如，Future is in the front "未来在前面" 在句子 "Look forward to the challenges ahead of us" 以及 Earlier time is down "早期时间是下面" 中，如在句子 "up to now" 中），而中国人以不同的方式对时间进行概念化（例如，Future is in the back "未来在后面" 表达 "后天" 以及 Future is down "未来在下面" 在表达 "下个月" 中）。这表明不同文化里的语言使用者在跨语言里用不同的方法来认知空间语义类别，这使研究特定语言中某些空间术语的使用具有重要意义。

本节通过强调 "具身" 概念在很大程度上与我们拥有的身体本质（包括生理和神经器官）以及我们对世界的感知物理体验有关，从而定义了 "具身" 一词。我们承认 "具身" 以一种相对微妙的方式，受到社会和文化方面的影响。因此，我们认为，我们的概念系统（或我们所表达的意义）的很大一部分是由我们对世界时空物理特性的理解决定的，而概念系统的某些部分（某些意义）则受到社会和文化环境的影响。

第三节　原则性一词多义模型

借鉴先前的研究，Tyler & Evans 接受了一项挑战，即如何通过审查一系列英语介词的语义（如 over，up，down，in 和 out），以认知语言学的视角更好地在一个词语的语义网络中展示出这个词的词汇形式与其多个意义间的关系。他们通过加入功能要素拓展了意象图式的概念，并将其称为心理表征。此外，他们还构建了英语介词的原则性一词多义模型，指出介词有基本意义，而与其相关的其他不同含义构成了该介词的多义网络。

在以往的研究中，学者们经常对哪个意义应该被视为主要或中心意义存在异议。例如，在 Brugman（1983）之后，Lakoff（1987，第 419 页）也认为 over 的主要含义是"above and cross"，如在 The plane fly over the city 这样的句子中。Kreitzer（1997，第 308 页）认为，over 的主要意义更像是在句子 The hummingbird hovered over the flower 中"above"这一意义。某一词汇类别的中心性和外围性的标准尚未明确。因此，基于 Langacker（1987，第 376 页）的观点，即存在大量证据来指定复杂类别的结构和成员资格，Tyler & Evans（2003，第 47 页）提供了一种更有条理的方法为单个空间词汇确定合适的初级意义。他们认为，可以采用合并的证据来降低选择初级意义的模糊性。

他们提出的语言证据包括以下标准：（1）最早被发现的意义；（2）在语义网络中占优势的意义；（3）在复合词或形式中的使用；（4）与其他空间词素的关系；（5）语法（句法）预测。首先，历史证据表明，关于他们所研究的英语空间词素，最早得到证实的含义最有可能是初级意义，并且它们与射体（trajector）和界标（landmark）之间的空间配置有关。术语射体和界标是从 Langacker 处借用而来的，它们代表两个显著实体或空间表达编码的两个参与者。射体通常被认为是"在位置、属性或活动方面被评估为具有显著特征"，而界标"在评估射体方面具有显著作月"。在描述空间关系的表达式中，如在句子 The lamp is on the table 中，"台灯"代表射体，而"桌子"代表界标。其次，语义网络中的优势地位意味着独特的空间配置（即射体和界标配置）存在于语义网络里大多数意义中。例如，我们已经发现在空间词语 over 的 15 种意义中，有 8 种直接包括射体位于高于界标的位置，体现了 over 的主要意义包括一个射体位于高于界标的位置。另外，Tyler & Evans（2003，第 48 页）提出某空间词素的用法，若未能出现在复合形式中（如 look over），便可以认为其意义在特定语义网络中不是主要的。例如，我们已经发现 over 在复合词汇组合中没有出现 On-the-other-side 这一意义，如在句子 Arlington is over the river from Georgetown 中。然而，许多复合词汇组合包括一个射体位于高于界标位置的这一意义，如在表达 overhang 中，这表明"射体高于地标"的意义比 On-the-other-side-of 这一意义更适合充当 over 的主要意义。此外，正如 Tyler & Evans（2003，第 49 页）所论证的那样，在形成对比集时所呈现的某个意义，如 over 和 under、above 和 below，可能成为某词主要意义的候选对象。例如，以 over 为例，将 over 与 above、under 和 below 这些词的意义区分开的意义包括"射体处于高于地标但有潜在可能位于界标范围内的位置"。最后，语法（句法）预测的最后一个标准表明，一个空间词素所处的句子语境可以为某一特殊意义提供附加信息，并且可以通过从其他意义和其他意义所产生的上下文中追溯到某词的主要意义。例如，over 的 covering/obscuring（覆盖）意义可以从它的主要意义（即"高于"）和上下文中推导出来，如在句子 The tablecloth is over the table 中，桌布高于桌子这一事实以及我们对桌布尺寸和观看位置的了解共同促成了 over 的覆盖/遮挡意义。

Tyler & Evans（2003）引入了"空间场景"这一概念，它是"一种抽象表征，包含了由人类概念处理所引导的反复出现的在现实世界中的空间—物理配置"。换句话说，空间场景是我们在头脑中与空间物理世界互动的抽象反映。空间场景包含空间配置（即射体和界标）以及功能元素（即射体与界标的互动）。空间场景的概念是从意象图式中发展而来的，但它强调在特定情况下射体和界标之间相互作用产生的功能元素。例如，在表达式 The infant is in her playpen 中，界标（即游戏围栏）具有包含和界定射体（即婴儿）活动范围的功能。遵循 Langacker 的识解概念，Tyler & Evans（2003，第 53 页）还指出可以以不同的方式观察空间场景。Tyler & Evans（2003，第 52 页）还引入了原型场景的概念，来区分空间词素的基本意义和源自基本意义的其他不同意义。原型场景是"与特定空间词素相关的重复空间场景的理想化心理表征"，它是一种抽象概念，包括相似空间场景的所有一般特征。术语原型反映了"理想化的概念关系"，而场景则强调"空间物理特性和对空间物理场景的感知意识"。

此外，如以下引文中所述，Tyler & Evans（2003，第 42-43 页）提出了两个标准来确定某空间词素的例子拥有独特的意义。第一个标准指出一个独特意义在严格意义上并不一定具有空间性质或者其所包含的空间配置（即射体和界标配置）与其他意义中所包含的不一样。第二个标准强调一个独特的意义不能依赖其他用法和使用的特定上下文。例如，在 The hummingbird hover over the flower 中，over 表示一种射体（即蜂鸟）位于高于界标（即花）的位置，在射体—界标配置中并没有额外的意义。然而，在 John nailed a board over the hole in the wall 这一表达中，射体（即板）位于界标（即墙）旁边的一个地方，其中包含一个独特的配置。仅看句子本身，我们无法得到射体覆盖界标这一信息，因此可以判定是 over 指定了一种覆盖意义，并使句子中提到的洞无法被看见。

首先，其被看作是独特的意义，这个意义必须在一个词素中与其他意义不一样，即一个独特的意义必须包括与原型场景中不一样的非空间意义或者独特的射体—界标配置。其次，我们必须有实例证明这个意义与上下文无关，也就是说，一个独特的意义不能从另一个意义和它发生的上下文中被推断出来。

Tyler & Evans 的原则性一词多义模型代表了一种清晰而深远的多义性理论，它提供了一种严格的方法来区分与空间词素相关的各种意义（空间和非空间）。此外，考虑到所研究的英语介词所出现的上下文，基于用法的方法已被用于分析英语介词中。然而，Tyler & Evan 只关注英语介词的当代用法，忽略了共时多义性与历时语义变化之间的关系。此外，Tyler & Evans 的分析完全基于英语介词，这些介词需要与跨语言证据相结合，来证明关于普遍适用的假设。在后面的章节中，我们将应用原则性一词多义模型来证明空间词素"上"从古代汉语到现代汉语的各种意义。

第四节 邀请推理理论

Traugott & Dasher（2002）基于多方面的研究并关注认知和功能问题，提出了语义变化的邀请推理理论，其中涉及的研究包括对语言意义的认知研究、固定隐含义的语用学研究，以及书面文本中的语法和用法的互动话语分析。在这种方法中，他们强调了语言变化的动态性质，涉及说话者/作者和听话者/读者之间的互动，以及他们将"在线"过程带到语言使用的行为中。说话者/作者在上下文中的积极作用被凸显，因为说话者/作者可以引起隐含义并邀请听话者/读者去推断它们。

在 Levinson（1995）的分类基础上，Traugott & Dasher（2002，第 16-17 页）区分了与词项相关的三个级别的含义（尽管这些区别有时会重叠）：（1）编码含义；（2）话语使用类符含义；（3）话语使用型符含义。关于第一种含义，它是"一种语言在特定时间约定俗成的用法"。例如，在现代英语中，"from the time that"和"because"两个编码含义与连词 since 相关。话语使用类符含义是 Traugott & Dasher（2002）所说的普遍邀请推理含义，它是"首选含义也是特定语言社区中约定俗成的用法，但可能会被取消"。例如，用作介词，after 可能暗示因果关系，如在 After the trip to Beijing he felt very tired 句子中隐含"because of the trip he felt very tired"这样的意思，但是"因果关系不是 after 的编码含义，并且很容易被取消"就像在 After the trip to Beijing he felt very tired. It turned out he had been sick for quite some time 这个句子中。第三类含义被 Traugott & Dasher 称为邀请推理含义，它们"尚未具体化为常用的含义，（并且）它们出现在'即时'上下文中"。因此，我们可以看出在某种语言中，邀请推理义可能不会成为普遍邀请推理义。

邀请推理理论解释了语用意义被约定化和重新分析为语义意义的历史过程。该过程表明"语法不会自行改变，而是会随着语言使用而改变"。或者说，语言的变化是通过特定使用事件的重复出现而在语言使用中产生的，语言使用可以进一步塑造语言结构，就像一种"反馈回路"（这是 Kemmer & Barlow 在解释使用事件和语言结构之间的相互作用时首先采用的概念）。在后面章节中，我们将分析邀请推理下所形成的汉语空间词素"上"的创新意义。

第五节　语言变化的构式研究方法

Goldberg（2006）和 Langacker（2000）等认知语言学领域的学者们从共时的角度提出，语言被认为是由形式—意义对或有组织的"构式"在网络中形成的。他们借鉴来自语言构式性解释的许多见解，尤其是认知构式语法和激进构式语法，Traugott & Trousdale（2013）提出了一个语言变化的构式研究方法，它运用构式框架来处理语法化和词汇化问题，并提供探索构式变化产生的原因和性质（即形式—意义配对）的方法。三个假设是 Traugott & Trousdale 研究方法的基础：首先，"虽然语法的某些特征（例如，网络、等级组织和继承性质）可能是普遍的，并与其他认知系统所共享，语法本身，一种被理解为语言系统的知识，是取决于特定语言的"，这意味着语法与单个语言（如英语或中文）的结构相关联；其次，"变化就是用法的变化"，这表明变化的焦点是在一个使用的实例上；最后，应该区分变化和创新，其中"创新（即个人思想的一个特征）只是有变化的潜力"，当创新"在说话者人群中被复制并形成常规固化"时，就会发生变化。换句话说，只有当创新被整合到"说话或写作的传统习惯中，正如留给我们的文本材料所证明的那样"时，它才被视为一种变化。

继 Goldberg 之后，Traugott & Trousdale 中的"构式"概念包括单词、部分填充的单词（例如 V-ing）、复杂单词、习语以及短语语言形式。Traugott & Trousdale 主要关注两种类型的变化。

1. 构式变化：影响现有构式特征但不会导致新构式的变化，如语义（will-"intend">future）、形态语音学（will>'ll）、搭配约束（将 way-construction 扩展到包括表示路径创建动作的动词，如 whistle one's way home）等。

2. 构式化：形成新的形式—意义配对。根据 Traugott & Trousdale（2013，第 34 页）的说法，在帮助分析者识别构式化之前产生的构式变化时，其涉及几个语境因素，通常包括"语用意义的扩展、语用意义的语义化、形式和意义之间的不匹配以及一些小的分布变化"。这些变化被称为"前构式化构式变化"过程，在构式化之后可能会发生进一步的构式变化，称其为"后构式化构式变化"。这些变化通常涉及"搭配的扩展，也可能涉及形态和音位的退减"。因此，构式化所涉及的变化序列包含前构式化构式变化、构式化和后构式化构式变化。我们可以看出，在网络创建新节点之前有一系列微步骤。然而，Traugott & Trousdale 承认存在瞬时或"现场"变化，其中包含从其他语言（如 sushi）借用的词或通过转换形成的词（如 to google）。

Traugott & Trousdale（2013 年，第 56 页）强调的另一个方面是"构式在网络中被联结，更多的图式性构式制约分类中处于较低位置的构式"。这意味着网络具有由图式、子图式和微构式类型所表示的节点，并且每个节点包含其主导节点的不同属性。在后面章节中，我们将更详细地讨论 Traugott & Trousdale 的方法，并将其应用于包含汉语空间词汇"上"的各种构式的分析中。

第三章

基于用法的汉语空间短语历时研究

第一节　基于用法的汉语空间词"上"研究介绍

采用基于用法的研究方法，本书展示汉语空间词"上"在整个书面汉语历史中的演变方式，从而产生当前"上"的多义网络。基于含有"上"的实例，追溯"上"的语义变化，此研究展示了历时语义变化和共时一词多义间的关系。正如其他研究所发现的，概念隐喻和邀请推理都有助于"上"多义性的产生。"上"的外延意义首先作为个体语言行为出现，只有通过频繁地使用语境，新的意义才被语言社区中的语言使用者所接受，并被认为是常规用法。

通过考察含"上"短语构式的发展，本书说明了变化也是相互关联的，并形成了一个网络。基于真实的汉语言跨时代使用数据，我们的研究通过揭示空间词"上"新旧用法之间的语义关系（涉及意义和语法功能）填补了此处研究的空白。因此，本书有助于推动汉语史研究、基于用法的语言研究、空间语言现象研究和语法化研究。本章节将介绍本书的目的，然后阐述追溯空间词"上"语义变化的意义、研究的主要成果，并简要说明此研究的目的以及所运用的方法。

一、研究目的

自从 Brugman 开展关于英语介词 over 意义的具有影响力的研究以来，许多研究试图解释单个空间词素各种用法之间的语义关系。这些研究认为，单个多义词存在原型意义，基于该意义，该词的其他意义得以发展，共同构成了该词的语义网络。然而，在确定共时语义网络中，单个空间词素主要和其他意义的标准存在争议。此外，意义外延的共时过程加强了我们对语义变化理论的理解，由于缺乏对多义性问题的历时视角，我们很难展示一个空间词素的各种意义所遵循的发展路径。我们也并不清楚包括隐喻和邀请推理在内的机制如何在语义变化的每个阶段运作，并随后形成空间词的多义性。换句话说，我们对空间词的某些意义如何进行历时发展，并有助于形成其现代语义网络的这一问题的关注较少。关于语义变化和语法化的研究表明，共时语义网络词项是自然历时变化的产物，其中新的意义被激发并以系统的方式与先前存在的语言词语或构式相关联，隐喻和邀请推理是促成一个词汇项各种意义的两个主要驱动因素。人们还发现，词的新旧含义（或语法功能）至少会共存一段时间，而且当语境类型越来越多时，可能会存在更多的中间阶段，如当更多类型的搭配词被考虑在内时。因此，学者认为，空间词更多的不同但相关的意义（或语法功能）可能会在较晚或更接近现在的发展阶段出现。

　　本书采用基于使用的方法，旨在展示汉语中的空间词"上"如何在不同阶段发展来形成其当前的多义网络。方位词"上"用于表示垂直的概念，它反映了中国人如何理解垂直的物理世界。人们对"上"历时发展的研究可以揭示汉语中纵向概念是如何被分类的。与英语使用空间词如 above、over、higher than 表示上方垂直维度不同，汉语"上"涵盖了上述英语对应词的含义。此外，"上"也可以表示"向上运动"，此时只能用"move up"或"climb up"等英文短语来表达。根据 Bowerman 的说法，由于不同的概念化方式，空间语义类别被不同语言以不同的形式概念化。因此，我们看到了跨语言数据里空间词素在空间和非空间意义上的变化。那么，"上"的各种意义是如何产生和发展从而表征垂直概念的，这一问题就变得尤为重要，因为只有回答了这个问题，我们才能了解汉语使用者将垂直维度概念化的多种方式。此外，汉语中"上"含义的大量研究表明，"上"的各种含义是相关的，并被概念隐喻或其他认知过程所驱动，这些研究集中在"上"的一个特定语法功能上（作为名词后的方位词、动词或动词后使用的动词补语）。因此，我们尚不清楚在汉语史上"上"是如何获得一种新的语法功能的，以及哪些机制在"上"的语法意义形成中发挥了更重要的作用。此外，我们虽然发现"上"的含义是相关的，但与"上"相关的不同意义在以前的研究中并没有得到证实。这意味着研究者倾向列出"上"的各种用法，并将它们都视为不同的含义，但没有将多义与"动态"上下文中所出现的意义区分开来。英语介词含义的"充分—具体"观点已经被批评，因为其造成了每个词汇项意义的扩散，我们在分析语言项的用法时应该避免这种情况。本书采用 Tyler & Evans 的原则多义性模型来区分意义，试图排除上下文意义，并提供更可靠的数据，来证明从古汉语到现代汉语"上"的多义用法。此外，为了清楚地了解上下文如何影响空间词的含义，我们调查了包含"上"的构式，试图观察这些构式是如何发展和相互联系的。总的来说，以"上"为例追溯语义发展，本书的目的是展示汉语空间词的创新意义是如何在多次使用事件中形成的，以及空间词的不同意义是如何在不同时期被建立并构成语义网络的。

二、研究成果

本书通过考察空间词"上"的早期用法填补了研究空白，指出共时语义关系是长期历时发展的结果。现在的语言使用者可能不会立即意识到像"上"这样的多义词的某些用法之间的语义关系，但了解一个语言项如何在历史上获得其独特的含义仍然很重要，只有这样，我们才能理解现在多义词的使用方式。此外，我们的研究揭示了汉语使用者如何在语言上对空间概念进行编码，并对不同历史时期空间词语义发展的驱动力有了更好的阐释。具体而言，这项研究解释了由概念隐喻和邀请推理（在某些情况下可能两者兼而有之）驱动的意义扩展，并证明创新意义首次出现的原因是语言使用者使用现存的语言项来传达抽象的想法和/或表达主观信念。从我们的分析中可以看出，新的用法必须通过频繁地在上下文中被使用来成为常规的语言结构。也就是说，只有通过反复使用，一个新的意义（或形式）才能被语言社区里的说话者所接受。此外，这项研究表明，仅有一个动机是无法推动像"上"这样的单一语言项发展的。几个包含"上"的构式通过多种连接方式相互联系，并在网络中系统式地发展，这表明变化是相关联的。因此，我们不能简单地观察一个语言项的意义变化而不考虑各种语境因素的影响，这些影响因素可能包括构式中的成分、搭配类型、使用频率、构式意义，甚至包括特定历史阶段的一般变化等。本书的研究结果首先有助于推动基于用法的语言研究，它表明语言结构是在语言使用过程中被塑造的，并且语言使用可以导致进一步的语言项的发展。其次，本书的研究通过展示汉语空间词获得其各种空间和非空间（或词汇和语法）意义的独特方式，为汉语语义变化和语法化研究做出了贡献。最后，这项研究使我们能够理解空间语言中的含义是如何编码的，以及我们为什么会这样使用空间词。

三、当前研究的理由

大量已发表的研究描述了"上"的用法，然而相对较少的研究关注这个空间词的历时语义变化如何影响其共时语义网络。此外，在以往的研究中，特定类型的语境如何影响"上"的含义也没有得到很好的解释。因此，以往的研究很难确定概念隐喻和语用推理如何导致不同历史时期"上"的各种含义。我们基于真实语言数据对方位词"上"的语义变化进行系统明确的分析，从而对空间词的各种意义或语法功能的相关性形成一个整体认识。研究数据的具体信息，我们会在研究方法章节中予以讨论。

本书采用基于使用的方法来分析空间词"上"的历时发展。它要求我们详细描述"上"在真实的使用环境中的意义。因此，本书首先基于汉语词典和语法书里的解释，分析不同时期三个语料库中所有"上"的意义和语法功能。我们虽然根据原则性多义模型验证了各种意义，区分了与"上"相关的意义（即编码意义、上下文意义、构式意义），但不可否认的是，母语者的直觉在研究结果中发挥了作用。此外，关于很少出现的"上"的用法，我们没有在本书中予以分析。也就是说，在分析中，我们关注的是在每个历史阶段中频繁出现并与特定类型语境相关联的"上"的创新含义，因为"上"的这些含义显示出"单元状态"，并且有可能被保留在"上"的语义网络中。我们虽然认识到"上"可以与其他词配对为固定搭配，但没有证据证实这种变化发生的最早时间。最后，为了揭示语义网络中不同"上"的用法的形成方式以及"上"如何被抽象图式所影响，我们还研究了包含"上"的各种构式之间的联系。我们会至少提供两个具有相同含义的构式表达例子，来证明某含义归因于这些构式而不是构式里的特定词项。

第二节　关于汉语空间词"上"的前期研究

　　学界已经有大量关于"上"的意义（包括空间和非空间意义）的文献发表。我们下面分别从"上"的最早形式和意义、"上"的用法（意义和语法功能）、"上"研究的局限性三个方面对"上"的研究进行较为详细的回顾。

一、"上"的最早形式和意义

　　从最早的阶段开始，汉语的书写系统基本上是基于语素的，这意味着书写中的每个图形都代表一个单独的语素，并且由于绝大多数古汉语语素都是单音节的，每个图都代表一个音节层面的单音节。古汉语是缺乏语法形态的孤立语言。

空间词"上"既是单语素的，也是单音节的。它首次出现在古代中国（公元前 14 至 11 世纪）的甲骨文上。甲骨是中国古代商代晚期（公元前 14—11 世纪）用于占卜的兽骨或龟甲。甲骨文和青铜器上的各种铭文作为一个完整的书写系统出现，为今天的汉字奠定了基础，因而其被视为当代汉语书写语言的鼻祖。

在甲骨文中，二（上）这个字符似乎是"天空"的标志性表示，实际上这个字被认为是表示"天空"。"上"这个字符属于少数仅用指示性符号来表示抽象意义的象形表征。这一类别称为指示性字符。其他五类汉字的形成方式包括象形字、联想字、部首拼音字、派生字、借字字符。指示性字符包括字符一、二、三、二、二。此处所展示的字符均基于其甲骨文的形式，现在已变化并在现代汉语中写作"一""二""三""上""下"。我们需要注意的是，"上"的形变是由于不同文体风格所需要的，并不影响"上"的意思的变化。

在汉代（公元前 206 年至公元 220 年）所著的《说文解字》中，许慎将象形符号构成的汉字定义为"视而可识、察而见意"，就是说这些字的意义可以通过观察它们的形式来理解，而它们的形式实际上暗含着这些字的某些含义。换句话说，当观察这些字符的形式时，人们就会形成关于它们的含义的想法。根据象形字典（包含 3000 个汉字的在线词典）提供的解释，象形字符一表示天地合一，不分天地宇宙的初始状态；二描述天地分离的状态；三表示人类出现在天地之间的状态。从描述中可以看出，这些象形符号的含义反映了中国祖先对宇宙与人类关系的理解。据说最早代表"上"和"下"意思的字符（即≕和＝）源于代表"二"的字符＝。由于＝代表地球与天相隔的状态，两条线分别代表天和地。在≕（意为上）和＝（意为下）中，较短的水平线则代表天空和地球的朝向。因此，字符≕表示天空或天空方向，而＝表示地球或地球方向。这种推测依赖上古时代发现的最早文字形式和实例，然而仍然需要更多的证据来支持这一推论。其他持类似观点的研究者也指出，在甲骨文中，字符"上"由一条水平线（或凹曲线）和另一条位于其上方的较短水平线组成，写为≕。

　　根据以上讨论，我们可以推测"上"字所编码的含义。人们对代表"上"的象形文字所表示的含义的一种可能的解释是，两个标志中较长的线代表地平线这一界标，而较短的线表示方向。这样表示时，便可将"天空"或"朝向天空"的含义分配给象形文字≕。因此，我们可以推测，在甲骨文中，"上"含义所代表的文字是天空的象形表征。如上所述，这种推测得到了一些学者的支持。然而，由于人们有很多与物理世界互动的方式，人们对环境属性的理解各不相同，也许不太可能绝对地说"天空"是早期上古汉语里"上"唯一的意义。换句话说，我们不能排除一种可能性，即当在早期上古汉语里使用"上"时，它可能还存在其他含义。由于史料有限，我们目前还难以确切地知道"上"在早期上古汉语中出现的时间和方式，这导致了文献中对"上"的最早含义存在不同的意见。根据《说文解字》的解释，"上"最早的意思是"高"。这种解释意味着"上"最初用于表示"上方"的空间关系。其他人认为，"上"最初是用来表示远古时期的祖先。后一种观点表明，"上"最早的含义与过去的时间或实体有关。

借鉴 Chappell & Peyraube（2008），J. Guo & Peyraube（2003，第186 页）的理论，我们认为早期上古汉语里"上"的基本含义很可能是"天空"，但是也可能有其他含义与之相关。例如，"高""高处"和"向着高处"，这些含义可能与"天空"的含义有关。后面章节，我们会有更多证据进一步支持这一观点。

二、"上"在各个时期的用法

"上"在早期上古汉语中已经被用来表达各种词汇和语法意义，并且在后期出现了更多创新的用法，这表明"上"在语义和语法上都在发展。如以下各章节所示，以往的大多数研究是根据语法功能列出"上"的用法。考虑到描述的方便性，我们根据前人划分的语法功能对"上"的研究进行回顾，值得注意的是，其虽然执行不同的语法功能，但"上"的用法之间存在语义相关性。

（1）"上"作为名词性质时

"上"在早期上古汉语中首次出现时最有可能用作名词（即指"天空"或"高处"），因此"上"作为名义性词的功能应该经常出现在早期上古汉语中。有研究很少讨论"上"作为关系名词或名词修饰词的用法。本节将围绕以下两项研究讨论这方面的内容，即 H Zhang 和 P Xiao。

a. "上"作为关系名词

H Zhang 认为"上"可以单独用于表示高的位置，如例子（3.1）所示。据说，关系名词"上"也可以表示过去的时间，如例子（3.2）所示。H Zhang 只列举了例子而没有提到数据的来源，以及何时"上"

开始被用作关系名词。在另一项研究中，P Xiao 指出，在两部经典著作《书经》和《论语》中，"上"作为名词的使用非常普遍。P Xiao 用例子（3.3）来证明"上"的名词性用法，它描述了拥有更多政治权力和更高社会地位的人。然而，P Xiao 没有足够的例子来证明在早期上古汉语中，人们经常将"上"用作名词。

（3.1）上有天堂。

（3.2）上下五千年。

（3.3）居上克明。

b."上"作为名词修饰词

"上"也可以用在名词前修饰名词。H Zhang（2002，第 11 页）提供了以下例子来表明他的观点，尽管在名词前使用"上"看起来像一个形容词，但它与它所修饰的名词紧密结合，使其具有作为形态学词缀的功能。在例子（3.4）至（3.7）中，"上"与名词一起使用，表示实体的上半部分、过去的时间或事件、上等级别和高一级的权威。H Zhang（2002）并没有解释"上"的这个功能是如何出现的，以及它是否与"上"的其他用法有关（例如，作为关系名词或表示高处位置的后置词用法）。

（3.4）a）上部

　　　　b）上肢

（3.5）a）上半年

　　　　b）上季度

（3.6）a）上一个

（3.7）a）上等

　　　　b）上级

c. "上"作为名词后置词

在另一种用法中,"上"可以跟在名词之后并指示位置,如例子(3.8)所示。当在名词之后使用时,我们很难确定"上"的语法范畴。在大多数研究中,方位词如"上"被用在名词后时往往会被归属到名词下。其他人认为"上"的这种语法功能是形容词、名词、副词,甚至是代词。D Liu 提出了一个不同观点,他认为介词短语如在例子(3.9)中给出的"在+名词+上"构成了框式介词,这与 Greenberg 在阿姆哈拉语(埃塞俄比亚官方语言)中观察到的现象相似。

此外,许多语言学家将名词后使用的处所词或定位词视为后置词,因为它们可以被翻译为介词,尽管形式上是实词。我们采用这一观点,并认为"上"用作名词后的处所词时是后置词。通过这样做,我们可以很容易地看到后置词的独特语法功能,不会使其与其他语法类别无法区分。

(3.8)在桌子上。

(3.9)她在山上看日出。

许多研究从不同的角度讨论了名词后使用的处所词"上"的含义和功能。其中与我们对"上"的分析密切相关的研究有 Qi、H Zhang、Chappell & Peyraube 以及 Peyraube,他们都在一定程度上阐明了"上"的语义变化,这些构成了我们以下讨论的重点。

Peyraube 把在名词后使用的"上"称为单音节处所词,他指出"上"和"下"等后置词可以将它们前面的名词变成方位词。方位词"可以是实词,作为动词的宾语或表位置或动作词语的介词"。用在方位词之前的词包括动词"来""到",介词"在""从""往"

等。例如，英文表达 "the spider on the wall" 翻译成中文为 "蜘蛛在墙上"。汉语例子中的 "上" 字是单音节词。它跟在普通名词 "墙" 后面，把名词 "墙" 变成了处所词。正如 Chappell & Peyraube（2008，第 16 页）及 Peyraube（2003，第 182-183 页）列举的那样，"处所词" 可以有以下几方面的含义。

a_1. 地名或地理位置，如 "中国" "巴黎"；

b_1. 具有内部方位含义的名词，即用作地名的处所名词，如 "学校" "饭馆儿" "图书馆"；

c_1. 有空间指示功能的双音节定位词，如 "里头" "东边儿" "旁边儿"；

d_1. 普通名词后所接的单音节或双音节处所词，如 "桌子上" "房子背后"；

e_1. 指示处所代词，如 "这儿" "那儿" "哪儿"。

除了方位词 "上" 和 "下" 外，其他单音节词在处所词后面使用的还有 "前" "后" "里" "外" "左" "右" "东" "西" "南" "北" "中" 等。这些方位词有助于形成一个与印欧语言明显不同的中文空间表征系统。然而，这些词从本质、功能到意义上在汉语历史上一直保持稳定。因此，我们可以看到后置词 "上" 在其发展过程中的语义变化及其在处所词后的使用方式。

在处所词（或名词）后使用时，"上" 可以表示各种含义。在一项研究中，Qi（2014，第 120-123 页）认为，当在处所词之后使用方位词 "上" 在现代汉语中表示物理位置时，它有三个基本含义。Qi 认为，"上" 的第一个空间意义来自其最早出现的 "高" 这一意义。它描述了一个物体的位置高于另一个物体，其中两个物体之间没有接触，如例子（3.10）所示。在另一种用法中，"上"表示一个物体位于另一个物体相对较高的位置，并且两个物体之间存在接触，如下面的例子（3.11）所示。

（3.10）飞机在桥上飞过。

（3.11）树上有只鸟。

第一个和第二个"上"意义的区别在于，"上"的第一个用法突出了两个物体之间的垂直距离，"上"的第二个用法则强调了一个物体对另一个物体的支持功能。Qi 将两种用法之间的差异归因于 Langacker 所提出的"显著性"问题上。这一概念表明，在出现两个或多个语义特征的情况下，特定的语义值通常会被赋予认知关注或被强调。因此，"上"的两种用法虽然都涉及"垂直距离"和"两个物体之间的相互影响"的概念，但涉及了不同的认知关注："上"的第一个用法强调了"垂直距离"的概念，而第二个"上"的用法强调的是物理支持。

我们同意 Qi 的观点，即在例子（3.10）和（3.11）中，"上"所代表的含义涉及的认知注意力集中在两个不同的方面，但我们认为是"上"所出现的句子上下文激活了我们对"上"的用法的相关知识。我们对物理世界的日常身体体验，包括我们的移动、定位方向或与物体互动，都为意义和理性推理提供了严格的结构。Johnson 和 Lakoff 将我们在具体体验中涉及的动态重复模式称为"意象图式"，其中包括"容器、平衡、反作用力、吸引力、允许和建立联系"等。例如，基于我们对物体进入与离开视线的这一经验，可见领域可以被理解为一个容器。（3.10）和（3.11）中"上"的用法反映了我们对重力的体验，其中世界上的实体总是寻求其他物体的支持来对重力的影响做出反应（即"反作用力"和"支撑力"的具身体验）。我们知道在示例（3.10）中，飞机的发动机提供动力并允许飞机抵抗重力所带来的影响，因此飞机可以处于桥上（不接触）而不是处于桥上面（接触）。因此，（3.10）中"上"的意思是强调物体高于其他物体，但不需要被其他物体支撑的情况，而（3.11）中的"上"描述的是一个物体位于另一个物体上并且应该被另一个物体所支撑的情况。

Qi 的研究中第三个"上"的空间意义是指一个物体位于另一个物体上，两个物体之间有接触和支撑。与第二个"上"的空间意义不同，第三个"上"所指的参照物体是一维线条或二维平面（如例子（3.12）所示），而不是有一定高度的垂直实体。Qi 认为，当特别强调支撑点而极力忽略两个物体之间的垂直距离时，"上"的第三种含义就出现了。这一含义的另外两个语义值进一步被分类为两个语义方面，即"表面"和"附着"，如例子（3.13）和（3.14）所示。

（3.12）手上写满了字。

（3.13）在黑板上写字。

（3.14）天花板上吊着一盏灯。

"上"的三个意义被认为构成了一个语义连续体，其中"高"或"垂直距离"的语义值变得不那么显著，但"支撑"或"附着"从第一个到第三个意思变得突出。我们承认（3.12）至（3.14）中"上"的含义是相关的，但我们认为含义的差异主要归因是"上"所出现的上下文。换句话说，例子（3.13）和（3.14）中与"上"相关的"支撑"或"附着"义是源于使用"上"的句子中所出现的语用推理。Qi 的研究没有区分与"上"相关的含义类型：在"上"的某些用法中，如（3.14）中的"支撑"义，是否是约定俗成的（即"上"的内部含义）或它是在使用"上"的句子中所出现的上下文义。

Qi 对"上"的基本位置意义的描述性分析表明，"上"的各种词义之间存在密切的语义关系。然而，该研究没有提供足够的证据来支持这些意义产生的顺序以及其是通过历时发展而相互关联的，也并没有解释这些意义与其使用环境之间的内在关系。换而言之，尚存在的问题是，"上"的各种意义如何在历时变化中被激活，以及基本意义在促成方位词"上"的扩展意义中扮演了什么角色。这两个问题就是我们在此研究中所关注的。

从历时的角度来看，人们已经认识到后置词"上"经历了语法化，其含义变得更加模糊。例如，"上"仍然被发现在上古汉语中描述位置的含义，但它的表现更像是在前中古汉语中的功能词，即可以将其前面的名词转换为处所词。除了"上"，该研究还发现几个单音节方位词在早期中古汉语中不再表示精确的位置，而是表示未被划分的位置，如示例（3.15）所示。在词语"上"和"中"中，"中"在失去原有语义值方面尤为明显，但也涉及"前""下""边""头"等词。唐朝时期（618—907 年），即在晚期中古汉语中，方位词"上"的含义从表示垂直空间的具体含义发展为语法上标记位置的模糊含义。在这个时候，"上"开始与更抽象的名词（如物质、道德和人格）一起使用，描述抽象的含义。该研究包括 Chappell 和 Peyraube、Peyraube、Qi 曾涉及后置词"上"的语义变化或语法化问题，但并未对变化是如何发生的给予足够的解释。

（3.15）虽长大，犹抱置膝上（早期中古汉语：《世说新语》）。

d. "上"作为动词

许多研究讨论了"上"作为动词的用法。其中一些已经列出了"上"作为动词的各种用法，其他人曾简要提及动词"上"的基本或空间意义，即"从高处向低处移动"。有研究指出，动词"上"的各种意义是基于"移向更高的地方"的原型空间意义进行分类或隐喻扩展的。

"上"在现代汉语中作为动词的各种用法已被列出，如下所示。

A. "上"用作不及物动词，后面带有处所名词，意思是"从较低的地方到较高的地方"或"从一个地方到另一个地方"，如"上山"和"上车"；"发表"（在杂志或者报纸上），如"上报"。

B. "上"用作不及物动词，后面不带宾语，意思是"向前"如"见困难就上"，以及"登台"，如"从中门上"中的"上"。

C. "上"用作及物动词，后面接名词宾语，意思是"添加"，如"上油"；"将一个物体安装到另一个物体上"，如"上螺丝"；"将某物应用于某处"，如"上药"；"拧紧"，如"上发条"；"在指定时间开始工作或学习"，如"上班"；"做某事"，如"上邪活"。

D. 一个特例是当动词"上"与数字名词一起使用时，意思是"达到一定的数量或程度"，如"上岁数"和"上年纪"。

我们可以看到，"上"的意思包含"移动到更高的位置"以及"移动到一个位置（不是高处）"，如"上街"，但它们被 Lü 归入同一语义范畴中。Z Yang & Dan（2010，第 363 页）将它们视为两个子类别并产生了含义"移动到更高的地方"和"从一个地方到另一个地方"。H Zhang（2002，第 121 页）指出"从一个地方到另一个地方"这一意思的出现是基于"移动到更高的地方"这一含义延伸而来的，在"从一个地方到另一个地方"中，"上"的方位意义丢失。Z Yang & Dan 将"上"的"移到更高的地方"的含义作为原型用法，而在其他句子中的其他含义则是基于"上"的原型意义，并忽略了两个物体之间的垂直路径，突出了运动物体与最终目标或目的地之间的联系。"上"的典型用法所代表的空间运动被认为是映射到心理领域中的一个抽象运动，使"上"获得了"发表"的含义（即出版行为被认为是走向一个目标或目的地）。同样，"上"的另外一个意思"达到一定的数量或程度"的出现被认为是映射到一个抽象域中所引起的，其中运动的目标在心理上被凸显。根据 Z Yang & Dan 的说法，"上"的原型意义也可以投射到一个时间域中，在这个时间域中，对象的运动过程较少受到关注，而运动的起点则被关注，这使我们认为"上"在"在指定时间开始工作或学习"中具有"开始工作或学习"的含义。运动的起点还可以进一步被忽略，可以突出特定时间段的整个运动，从而出现了"做某事"的含义。

上述提到的研究已经对作为动词的"上"的意义进行了大量的描述，但是 Z Yang & Dan 以及 H Zhang 等大多数研究仅基于分析者的假设而提供了一些解释，并没有提供足够的证据来证明基于原型意义的扩展是如何实现的。因此，我们认为，应该依靠更复杂的方法来判断动词"上"各种用法之间的语义关系。

e. "上"作为动词补语

学界对汉语动词补语的关注始于 20 世纪 20 年代，自 20 世纪 50 年代以来，这个话题就引起了热烈的讨论。汉语中的动词补语包括单音节词"上""下""来""去""进""出"等和双音节词"上来""向上""下来""下去"等。所有这些词都可以用在动词之后，构成动词补语。例如，示例（3.16）所示，作为动词补语，"上"用在动词"撞"之后。然而，汉语动词补语的语法范畴，长期以来一直存在争议。一个具体动词（如撞）之后使用的类动词成分（如3.16中的"上"）的语法范畴被视为"动词后缀""形容词""词语—构成部分""方向动词"和"助动词"。

（3.16）飞行的苍蝇和蝴蝶撞上了。

许多研究都关注"上"作为动词补语的用法。例如，Lü（1999，第474页）和Y Liu（1998，第81-116页）已经列出了"上"作为动词补语的所有用法。X H Hu、P Xiao、H Xu 和 H Zhang 讨论了"上"作为动词补语的语义变化或/和语法化问题。Xin & Lu（2015）采用认知语言学中的概念隐喻和转喻理论来解释"上"作为动词补语的用法。

Y Liu 认为像"上"这样的动词补语可以表达三种意义，即方向意义、结果意义和状态意义。有人建议，当动词补语"上"表示方向意义时，它既可以表示从较低位置到较高位置的方向路径，如示例（3.17 a.）所示，也可以表示指向说话者面前目标的路径，如示例（3.17 b.）所示。Y Liu 的观点在 P Xiao 中得到进一步发展，他认为动词补语"上"所代表的路径包括垂直和水平运动。动词补语"上"也可用于表示结果意义，如（3.18 a. b. c. d.）。在第三种用法中，动词补语"上"用在动词之后，表示新动作或状态的开始，如示例（3.19）所示。

（3.17）a. 飘上天空。

　　　　 b. 跨上一步。

（3.18）a. 关上门。

　　　　b. 堵上嘴。

　　　　c. 穿上衣服。

　　　　d. 喝上水。

（3.19）天气又热上了。

P Xiao（2009，第 54 页）指出，当在非运动动词之后使用动词补语"上"时，"上"的含义从表示运动转变为描述结果或状态。"上"的结果意义被认为是从"水平移动到一个目标"这一意义发展而来的。"上"的状态意义，表示状态从静态到动态的变化，如例子（3.20），也被认为是从方向意义派生而来的。P Xiao（2009，第55 页）也提到，"上"之前使用的各种动词（即搭配词）可能是触发"上"语义变化的重要因素。然而，我们需要有基于历史数据的更令人信服的证据来证明其观点。此外，我们还需要更详细地解释"上"作为动词补语时如何获得及发展各种用法。也就是说，我们应该能够看到什么时候"上"有了一种新的含义。

（3.20）忙上了。

尽管如此，X H Hu（2010，第 30 页）认为，在某些情况下，很难在"上"的方向意义和结果意义之间划清界限，因为"上"的方向意义可能是结果意义的一部分。因此，"上"的方向意义和结果意义可能同时存在，如示例（3.21）所示，"摆上"中的"上"既可以表示桌子沿路径移动，也可以是桌子移动到院子的结果。因此，当根据方向或结果含义对"上"的某些用法进行分类时，它是模棱两可的。X H Hu 因此建议我们应该从历时的角度来探索"上"的语义变化，只有通过这样才能做出更精细的区分。

（3.21）院子里摆上一张桌子。

借鉴 Y Liang（2007，第 1 页）的观点，X H Hu（2010，第 30 页）同意动词补语结构："动词+上"是由连续动词结构（即，动词+连词+词汇动词"上"）在上古汉语中发展而来的，当时在动词和词汇动词"上"之间的连词"而"被省略了。当"上"在晚期上古汉语和早期中古汉语之间首次被用作动词补语时，它表示独特的含义"走向更高的地方"，因为这是词汇动词"上"的基本含义。X H Hu 提出"上"作为动词补语的用法有两种发展方式：第一，"上"的某些含义是从"走向更高的地方"的基本含义或方向含义扩展而来的，如"赶上"；第二，"上"的其他含义是从物理域结构到其他抽象域的隐喻映射发展而来的，包括关系域、时间域、数量域和性质域，如"爱上"中的"上"是从物理域到性质域的映射。X H Hu 已经意识到历时数据对"上"意义分析的重要作用，他没有明确提到"上"的某些含义何时出现，这些含义是如何被规约化的，以及语境的作用是什么，（例如，语用推理、搭配和构式意义）在"上"的历时意义发展中如何赋予"上"创新意义。

f. "上"作为复合词

人们已经认识到，"上"和"下"两个词可以作为一个复合词一起使用来表示位置、数量和社会关系，如示例（3.22）、（3.23）和（3.24）所展示的。例子（3.22）中的复合词"上下"表明窗帘的上下部分、楼层的上下位置以及整个建筑从上到下的所有楼层。例子（3.23）中的复合词"上下"用在量词之后，描述了一个近似的数字。"上下"的另一个用法是当它表达较高和较低的社会关系时，如示例（3.24）所示。"上下"作为复合词的使用在文献中较少被关注，我们因此尚不清楚这种"上"和"下"的用法是何时以及如何形成的。

（3.22） a. 这窗帘上下都有花边。

b. 上下两层也是我们订的房间。

c. 新盖的大楼上下共 24 层。

（3.23）年龄在 30 岁上下。

（3.24）上下一条心。

三、以往对"上"意义研究的局限性

如上所述，大多数研究只是简单地列出了不同历史时期文本中"上"的用法，并且只是倾向分析包含"上"当代用法的共时数据。相对受到较少关注的问题有"上"的某些含义如何历时发展并促成包含"上"的当代语义网络。因此，学者们尚未关注关于"上"的语义变化发展路径和变化动机问题。一些研究尽管在解释"上"的某些含义之间的语义相关性时已经讨论了历史文本中的"上"的用法，但是这些研究并没有提供使用"上"的具体时间和文本类型，我们并不知道何时"上"可能开始获取一种创新的含义。基本上，这些研究没有提供足够的证据来说明"上"的各种含义如何被激发并成为其语义的一部分。最近，Qi 利用史料来解释"上"的某些含义之间的语义关系，但他的关注点仅是"上"作为后置词的语义变化，并没有显示出"上"在不同历史时期承担各种语法功能的语义变化整体状况。此外，"上"的意义在以往的研究中并没有得到证实，因此我们不知道"上"所出现的句子语境导致了"上"的特定用法。因此，我们需要综合的方法和更有说服力的证据来揭示"上"

的多义性，还需要观察各种因素对"上"用法的作用，包括概念隐喻、语用推理、搭配和构式意义的影响。

第三节　语义变化相关研究

语言变化为语言表征和语言加工提供了证据，反映了人类的共时心理表征和人类创造语法的动机。解释语言结构的构建方式需要分析者关注历时维度，因为所有共时表现（如一个词的各种意义之间的语义关系）都是长期历时发展的结果。传统上，早期的一些语言变化研究对词汇和句法给予了明确的划分，因此语义变化和语法化被视为被研究的两个独立领域。认知和基于用法的语言学的最新发展为语义变化和多义性问题提供了新的视角。

一、方位词的语义变化

在最近的认知语言学、历史语义学和语法化研究中，我们已经讨论了方位术语的语义变化。方位术语的词汇来源和进化路径（在语义和形态句法方面）在跨语言上表现出显著的共性。通过观察 55 种语言，Svorou 得出结论，人类语言中方位词的基本起源模型由身体部位词（如头、脚、背）、环境地标词（如天空、地球、地面）和相关部分术语（例如顶部、表面、底部）组成。通过对一些非洲语言的观察，Heine（Heine，1997；Heine et al.，1991，第 118 页）认为方位概念，并不是原始概念，其源自物理上定义的实体，如身体部位或许多语言中的环境地标。

　　这一系列研究还表明，方位词语（尤其是源于人体部位的词语）的形态句法和语义变化通常沿着某些路径发展，这表明了跨语言的普遍趋势。有研究发现，在语法化的过程中，方位词语逐渐失去了它们的词汇特征并形成了更多的语法功能。在意义变化的过程中，词项的形态和句法结构也发生了变化。这种现象在两个层次表现出连续变化：从不那么抽象的意义到更抽象的意义的变化，以及语法上从较少到较多的形态句法功能。这个过程是通过一些中间阶段逐步实现的，在这些阶段中，单个词的早期意义（或早期形态句法结构）和后期意义（或后期形态句法结构）同时存在。Heine et al. 认为（1991，第67页），"重叠意义的实例实际上构成了发展的一个组成部分"。换句话说，一个词语或语法项，可能找不到后者完全取代前者意义（或形态句法结构）的例子，必须有一个中间阶段，前期、后期的意义或语法功能至少并存一段时间。Heine et al. （1991）提出了语法化链这个概念，其用以描述经历语法化的语言形式的结构，其中链条一端较旧且语法化程度较低，而另一端较新且语法化程度较高。因此，单一语言结构在意义和语法功能上都存在歧义。例如，英语中的 back 等方位词（也存在于许多其他语言中）显示了它的语法化链条，其从词汇名词发展到关系词、副词和介词，甚至可能发展到格词缀。另外，语法链在本质上与共时多义性研究所讨论的意义链、放射性类别或词汇网络相似。此外，随着在越来越多的上下文中被使用，我们可能会发现更多特定词汇/语法项发展的中间阶段实例。这就产生了一个词在某个历史阶段的各种意义，正如 Traugott & Dasher （2002，第13页）关于语义变化规律所争论的那样，"在有共时意义关系的地方，通常有一个历史关系"，这表明较新的意义可能来自旧的意义，它们可以作为多义词并存一段时间（例如，英语单词 since 旧的和新的意义共存，可以表示时间或因果意义）。这些研究结果为共时多义性研究提供了重要的资源，它们说明语言项（如方位词）的含义和语法功能都是以系统的方式发展并成为这个单词语义的一部分的。

二、汉语语义变化

学界虽然对汉语的语法和音韵变化的研究有很多，但对汉语的语义变化关注较少（F Wu，2015，第 2 页），这使我们无法回答一个多义方位词的各种意义在历时上如何变化及相互关联这一问题。F Wu 讨论了汉语语义变化研究中的一些未解决的问题，其中之一是缺乏坚实的理论框架。根据 F Wu 的说法，大多数研究只是简单地列出和描述了语义变化的所有实例，从而避免回答某些语义变化如何在汉语中产生。因此，早期研究没有系统地描述汉语语义变化的规律和动因。由于缺乏对汉语语义变化问题的深入研究，我们很难看出其他语言中语义变化的个体性和普遍性特征适用于汉语。西方的功能语言学理论和方法论在 21 世纪被引入中国。从那时起，中国对汉语语义变化的研究开始采用认知语义学和历史语用学的概念。然而，很少有研究关注汉语方位词的词汇来源和演变。F Wu（2008）是该领域的先驱，主要研究汉语方位词 "后" 的词源和语义变化。他根据中国历史文献总结了 "后" 的历时语义变化及随之而来的形态句法变化。他已经发现，"后" 的语义变化模式与 Svorou（1994）发现的其他语言中表示 "后方区域" 的语法形式的发展趋势完全一致。"后" 的各种意义被激发，而转喻是其语义变化的最基本机制。

然而，F Wu（2008）没有提供证据表明"后"的某些创新含义可能开始的时间。由于 Wu 的研究仅基于历史汉语，我们并不确定"后"的旧含义如何影响其当前用法。

三、语义变化中的隐喻

隐喻使人们能够将一件事理解为另一件事，但客观上这两件事并不被认为是相同的。例如，英语中 white 可以比喻为"诚实、坦率"，但说英语的人可以毫不费力地分辨出白色服装和坦率讲话之间的区别。因此，正如几位研究者所论证的那样，隐喻的运作不仅存在于我们的语言中，还存在于我们的认知中。有研究早已发现，隐喻转移可以解释从具体领域到抽象领域的某些直接意义的变化（例如，英语单词 go 在 be going to 中从表示具体领域中的"物理运动"到在一个抽象领域中表示"未来"的意义）。在另一个例子中，借鉴 Talmy（2000a）的意象图式结构和动力学理论，Sweetser（1990）指出 must 通过将社会物理领域中的力量映射到抽象逻辑领域中，从道义的"被要求"意义上发展出认知"可以推断"的意义（比如 You must be home by ten 及 John must be home；I see his coat）。正如 Sweetser 所指出的那样，当隐喻用法不再像"You see what I mean?"中 see 的用法那样有意识地被识别时，语言形式就获得了隐喻所激发出的第二个意义。

然而，有学者认为，隐喻本身可能无法解释为什么在语义变化的每个阶段都有重叠的含义。Bybee et al.（1994，第 24-25 页）也表明隐喻不是语法化里语义变化的主要机制，隐喻不是将语素推向越来越抽象的语法意义，而是只参与语法化路径中更词汇化的那一端。Traugott & Dasher（2002）还认为，隐喻、类比关系经常作为语义变化的结果出现，但它们在变化过程中不如相关的转喻关系重要。人们普遍认为隐喻在语义变化方面不如转喻重要，但这并不意味着我们应该忽略它。Sullivan（2007）提供了明确使用 see、warm 及 going to 扩展意义的早期证据，即用这些词表示"知道/理解""深情"和"未来行动"，这证明隐喻即使在最早阶段也存在于语义变化中。

四、语境在语义变化中的作用

Traugott 在许多出版物中都强调了语境对语义变化的作用。她认为，在由语用推理推动的语义变化中，词汇/语法形式在语境中所隐含的含义往往可以被规约为话语含义的一部分。例如，经常使用 be going to 的语境中隐含"意图"这个意思。例如，在句子 I am going to deliver this letter 中，"试图去行动"已成为 be going to 这一表达含义里的重要组成部分。

尽管在最近关于语义变化（包括语法化过程）的许多历史研究中，语境的重要作用得到了极大的关注，但有研究者就特定词汇或语法项所出现的上下文的文本类型提出了疑问，即我们是否应该区分语境的类型，从而看哪类语境在频繁出现的语用推理与特定形式联系中起到重要的推进作用？换句话说，我们观察的特定语言形式应该出现在什么样的语境中？这个语境到底是指包含某个词汇或语素的整个构式的含义还是指与特定语素相联系的词汇项，如语素的搭配，或者是话语结构（通常跨越句子边界）和某些语素所出现的体裁，或是使用某些词汇/语法项时的特定社会和文化情况？

早期关于语义变化的研究倾向通过关注语境来反映其所赞成的观点。在这类研究中，从句或句子总是被视为发生语义变化的相关语境单元。最近，有研究转向考虑范围更大的语境，即考虑到话语和体裁这类语境在语义变化中的作用。例如，通过讨论德语动词 gehören（字面意思是"属于"）的语义发展，Stathi 表明，在具有被动完成分词的结构中，动词 gehören 在现代德语中发展出一种道义意义，并且这种"义务或必要性"的含义源于其所使用的话语中（在这种情况下，行政和司法文本中）。gehören 的使用也扩展到其他语境中。在修订 Hopper 所提出的"持久性"概念时，Stathi 认为"持久性还可能包括触发语义发展的语境特征，而不是仅包括较早证明的词汇意义的特征"。在语境中，以持久性为特征的不是动词 gehören 本身，而是 gehören+分词结构。gehören 的例子说明了语义和语用变化中各种因素的重要性，"首先，它表明语境在语义和语用变化中的影响超越了本地语境，也可能涉及话语传统。因此，应该在历史语义学和语用学中重新考虑话语传统、文本类型或体裁的作用"。换句话说，发生语义变化的语境不应仅限于语言本身，还应考虑话语环境（如体裁类型）。

五、频率在语义变化中的作用

除了关注发生语义变化的语境类型之外，我们还有另一个相关问题必须妥善解决，那就是频率的复杂性。有人认为，具有较高标记频率的语言形式会加强记忆表征并使单词或短语更易被理解。语法化研究更加关注高频字符串或结构的语义变化，这表明频率不仅是语法化的结果，还是一种推动语法化变化的"积极力量"。

形符频率的三种效应已经被确认，包括保守效应、减少效应和自主效应。在保守效应中，"记忆的强化使复杂的单位通过与多产模式类比来抵制变化。然而，在减少效应中，更高的流畅度和更少的重复存在于语音变化和语义变化中"。当意义的泛化发生时，我们可以看到减少效应会在语法化中发挥作用。在这个过程中，语法语素的意义总是变得更笼统、更抽象、应用更广泛、使用更频繁。例如，现代助词 can 源自主动词 cunnan，它表达不同种类的"知道"。已有研究发现，cunnan 作为助词开始语法化的一种方式是"由它已经频繁出现的事实决定，并且其已经经历了一些语义内容的弱化"。研究已经发现，两种频率有助于原始词 cunnan 从古英语到中古英语含义的进一步泛化。一种涉及将它与来自三大类别的动词一起使用（来自智力状态或活动类的动词，如 believe、see、know；表达技能的动词，如 read、paint、sing 等；表达交流的动词，如 thank、say、tell），另一种涉及将 can 与来自智力状态和交流类别的动词一起高频使用（如 can say，can tell，或者 can see）。这表明单词频率及类型频率都有助于促进已经频繁使用的语素进一步在某一结构中达到语法化。

自主性被定义为"一个词可能在说话者的词典中作为一个整体或者单独的单位被表示的程度"。自主用于描述高频词或短语可以"独立于相关词项而被理解，因此在网络中不相互关联"的情况。例如，研究发现短语（be）going to 与单个词素 go、ing 和 to 的关联越来越小（因为短语简化为 gonna）。此外，（be）going to 与此（运动动词+进行式+目的从句）结构里的其他实例分离开来，如 travelling to、be riding to。这个带有 go 的结构的特定例子，随着使用频率越来越高，经历了语音、形态句法、语义和语用方面的变化。正如 Bybee 所讨论的，随着语法化结构的组成部分与其词汇来源之间的分离，语义透明度的丧失使该短语能够在具有新语用关联的新语境中使用，从而促进语义变化。Haiman 注意到，一个结构的频繁使用会导致习惯化，通过这种习惯化，重复的元素会失去一些语义力量。泛化和习惯化削弱了语法化结构的含义，因此它可以被应用于新上下文中多的情况，导致频率再次增加。因此，在一方面，频率是文本中可观察到的模式；另一方面，经验的重复影响了认知表征并成为变化的原因。

然而，正如 Neels 指出的那样，使用频率，至少是绝对标记频率，似乎受到基于语料库的低频表达语法化研究，以及语篇频率延迟增加的语法化研究的质疑。词汇/语法项的标记频率的增加可能有许多不同的原因，如语用显著性和单词的相对共现频率。因此，有学者认为，我们必须进行更多的研究来评估不同类型的频率对语法化的确切影响，并且必须清楚地区分频率信息的类型，包括概念频率、类型频率、临界频率、搭配，以及语境和语境巩固。

六、语义变化的语料库研究方法

自 20 世纪 50 年代开始将计算机化语料库用作研究语言的工具以来，语料库为语言学提供了访问相对较大的自然发生文本集合。基于用法的语言模型强调，从代表自然用法的大型语料库中提取的语言数据对理解语言使用和产生的过程至关重要。通过调查结构的频率、搭配等，我们明智地使用语料库中的抽样例子来帮助我们解答哪些单元在说话者的语言系统中最为根深蒂固，以及这些单元如何与其他语法结构、体裁和社会环境等特定语境相互作用等问题。

语料库语言学被描述为"一种观察语法化的方法，它为调查正在进行的语言变化过程提供了一种经验方法"。该论述反映了在语料库的帮助下，我们也许能够通过查看比例频率的变化来追踪许多语言结构中正在进行的语义变化。在讨论语料库语言学与语法化之间关系的论文中，Mair（2004，第123页）提出了以下问题：一是话语频率的作用是什么？二是语料库的使用能否帮助我们准确定位初期或持续的语法化过程？三是除了单纯的统计数据外，语料库还能为语法化现象提供的依据是什么？追溯自约17世纪以来英语使用的几个实例的历史，Mair虽然赞同语料库分析对揭示统计学在语法化中的作用特别有用，但是认为语法化和话语频率的增加并不总是同时发生的。一个语言项的话语频率的增加应被视为"早期语法化的延迟症状，其实我们能够通过不同的风格和体裁追踪新的语法形式的传播"。然而，相对频率的改变通常是语法化过程本身的一部分。例如，Mair的分析表明，在成为未来标记时，在going to中的to在语法化过程中的频率迅速增加，这远远比going to的整体绝对频率的急剧上升还要早。Mair还强调，语料库可以提供统计以外语法化过程的证据。例如，通过大量真实的数据，语料库帮助我们记录"静态"语法化的实例，这使我们能够进行定性分析，克服统计的有限作用。

Hilpert通过在统计技术的帮助下进行历时搭配分析，追踪了英语keep V-ing构式搭配配置中的含义变化。其认为"一个语法构式的典型搭配反映了它的意义"，所以"搭配模式的变化表明语义变化"，这表明语法构式中的各种搭配类型在对意义变化的历时分析中应该得到更多的关注。

第四节　多义性研究

一、同义词与同音异义词

具有多个不同但相关意义的独立单词被认知语言学者视为多义词。这与研究单义词的方法不同，在单义词中，一个语言单元被认为只有一种相对抽象的意义，其他意义从中派生出来，派生的意义要么来自使用中的上下文，要么来自某类词汇生成装置。另一种语言形式不同意义的方式是同音异义，其中本质上不相关的意义被认为共享着同一语言形式。根据 Murphy 的说法，"语言中的同音异义主要是由于巧合或因为随着时间的推移，一个多义词的意义已经变得分离，以至于我们不再认为它们是相同的"。例如，bank 这个词通常被视为同音异义的一个例子（例如，bank 在 He work in a bank 和 at the bank of the river 中），如果追溯它们的起源，这两种含义可能是相关的。通过与语言学家 Suzanne Kemmer 的个人交流，我们了解到 bank 的两种用法来自日耳曼语，意思是"长凳和桌子"（用古英语写成 benc，发音为 bench）。那是一件有着平面的长家具。通过隐喻的延伸，bank 这个词被用来指代河岸。通过转喻，银行/桌子的名称被赋予（初期的）金融机构。

这两种方法（单义词与同音异义词）在考虑单个空间词语的各种含义时都被认为存在许多弱点，如 over。单义词方法很难解释 over

的空间和非空间/隐喻意义如何从一个单一的抽象含义中衍生出来（如在句子 The picture is over the sofa 中 over 的空间意义和在句子 Jane has a strange power over him 中 over 的"控制"意义）。如果采用单义词法，我们必然有一个非常抽象的解释，可以涵盖如 over 等词语的所有含义，这在实践中似乎是无法实现的。

同音异义的观点基于传统词汇表征，基本上可追溯到 Bloomfield 的研究以及 Chomsky 最新解释，其认为词典仅包含任意和特殊的特征。同音异义法认为，同一种语言形式所编码的不同意义似乎只是偶然，它们之间没有系统关系。当然，不可否认的是其中也存在同音异义的真实例子，这可能是由于语言的变化允许不同的词共享相同的形式。例如，音乐流派 pop 是 popular music 的简写，与 pop 作为对父亲（来自 papa）感情的表达没有关系，或与 pop 作为拟声动词描述气球或气泡的爆破声音无关。pop 的三种用法以自己的方式发展，只是碰巧最终听起来和看起来彼此相似。同音异义还可以解释从其他语言中借用的单词，而这些单词恰好与现有单词相同。例如，在 yen（日本的货币单位）被借入英语之前，英语中已经存在同样的形式，意思是"向往"（例如，I have a yen for fine whiskies）。

然而，同音异义在解释一个词项的多重意义时，有几个问题。这些意义不会意外地同时出现，并与相同的形式相关联。首先，同音异义的观点忽略了空间词语的各种含义之间的系统关系，这与许多研究中关于语义相关性的发现相矛盾。这方面的研究已经证明，与每个介词或助词相关的各种意义以系统的方式形成，构成了一个语义网络，大多数非字面意义主要是基于意象图式的隐喻扩展而来的。其次，同音异义的立场并不认为语言是一个不断发展的系统，其随时间的变化主要以一种有动机和有原则的方式表现出来。语义变化研究和语法化研究已经表明词项的共时语义网络是自然历时变化的产物，其中新的意义被激发并以系统化的方式与预先存在的语言词语或结构相互关联。

同音异义论认为意义外延的过程是任意的，它隐含地声称语义变化是缺乏动机的，这与其他语言变化研究中发现的证据形成鲜明的对比。此外，有学者认为同音异义方法无法回答"为什么说话者会选择使用特定的既定形式，而不是完全创造一个新的音韵串"的问题。换句话说，一个词项的意义本质上是不相关的，那么为什么语言使用者应该依赖现有的形式，而不是简单地创造一个新词。如前所述，在交流中，说话者通常依赖单词的常规用法，来确保听话者能够很好地理解新用法。因此，意义外延必须系统地进行，允许说话者选择具有约定意义而不是其他形式的特定词汇形式。

二、多义词法

与使用单义词与同音异义词解释词义的传统方法不同，认知词汇语义学赞成多义词的词义研究方法，这也是本书所提倡的。认知语言学中对多义词的处理，尤其是对词汇语义的处理，主要关注将意义视为类别，认识上下文对意义的重要性，并且知道语言知识和百科全书知识难以分开，以及将原型理论纳入语言学中。至于将意义视为类别，一个代表性例子是，学习/知道鹦鹉是一只鸟，这就等于将鹦鹉视为鸟类中的一员。也就是说，词汇项可以是所有概念性、心理表征类别的语言编码子类别。因此，空间词语，如英语 over，above，中文"上"和"下"是概念类别"上/up"和"下/down"

的语言编码子集。如果不考虑词项的上下文和百科全书似的现实世界知识，我们很难解释词项的含义，这是基于 Fillmore 的框架语义学的假设。这种观点不同于针对词义的词典观点，后者试图识别构成词汇项语言知识或约定意义规范的一个小的受限子集。然而，正如 Haiman（1980）和 Langacker（1987）所观察到的，我们不可能确定哪些规范应该包含在特定的词条中，哪些应该被排除，而且字典方法无法解释为何通常特定词汇项有很多不同的含义。借鉴 Langacker、Turner、Fauconnier、Croft、Tyler 和 Evans 等学者的研究，我们建议单词（或空间术语）不仅包含了字典方法所识别的有限数量的含义，还包含了非常复杂的概念化表征。正如在语言的符号功能中提到的那样，词义的百科全书观点将词汇项（和结构）视为我们获取所有关于特定概念百科全书式知识的"访问点"。

此外，我们关于特定语言表达的内部知识受到基于使用中不同上下文的各种语用推理的影响。这个过程使我们能够根据我们对世界的经验，以及依赖于这些经验，来构建详细的概念化表征。换句话说，当来自上下文的额外含义变得约定俗成并被附加到某一语言表达中时，语言表达的概念化表征可以被进一步诠释。这种额外的意义是通过采用推理策略在线产生的，这些策略从根本上受到我们对物理世界的身体体验的限制。因此，我们可以假设，语用推理在线产生的新概念最大限度地依赖我们对世界的体验。正如在语义变化和语法化研究中所发现的那样，我们在特定上下文中对某些含义的频繁推断可以被记录在记忆中并成为词汇/语法词素含义的一部分。例如，Tyler & Evans（2003，第60页）所讨论的示例（3.25），over 提示的"覆盖或遮挡"的附加含义来自句子上下文中的解释。

基于我们对厚布（通常是不透明的）的性质的了解以及我们对物体的身体体验（人类无法透过不透明物体看到东西），我们可以理解示例（3.25）中 over 的含义（意思是"覆盖或遮挡"）。因此，它是在特定的上下文使用中产生含义的（或独立意义，如果含义被频繁使用并变得约定俗成）。

（3.25）Mary bent down to look at the dead man's face, but there was a thick cloth over it.

除了通过推理获得新含义之外，语法和词汇语素的特定含义还可以通过其他上下文因素被添加进来。它们可以"从先前在上下文中的使用中被保留下来"（例如，"欲望"是 will 的较早含义，这反映在 will 用于描述意愿的情况中，如 I know Tom will stand up for me），或者可以从它们所出现的构式的总体含义中吸收过来从而添加新的含义（例如，在名词 pas "step" 和 ne+verb+pas 的这一语法否定构式中完全失去了它的早期意义，吸收了 ne 的否定意义），或者它们可以通过与特定构式中的某些词项关联来添加（例如，构式 cause+名词短语在经常与否定搭配使用后吸收了负面影响，如 cause an accident），甚至可以吸收更多的话语和体裁语境。

关于将原型理论纳入语言学中认知语言学中的多义性研究倾向基于原型理论的观点，表明主体/说话者并不使用必要/充分特征对对象进行分类，而是比较它们与候选原型类的相似性。"原型"和"典型效应"的概念首先由 Fillmore（1975）介绍到语言学中，后来由 Lakoff（1982）和 Geeraerts（1983）详细阐述。Brugman（1983）对 over 具有影响力的研究特别有助于原型理论在认知词汇语义中的应用，它为分析词汇项相关的多义性问题提供了基础。在那之后，

Lakoff 和他的合作者通过引入放射性类别的概念，确定了一种为多义词提供认知语义处理的方法。其中"处于较为中心位置的子类别被理解为处于较中心位置类别的变体"。换句话说，词汇范畴和语义网络可以被看作是由原型意义构成的。因此，他们建立了一个词的典型意义以及几种在词义上不那么典型的意义。例如，over 这个词，其"在上方"这一意义比其"控制"意义更典型，而 over 的"控制"意义是从更典型的 over 的空间意义隐喻演化而来的。

然而，Langacker（1987）声称，对自然语言的合理描述，不仅要靠原型模型，而且基于意象图式的模型也是必不可少的。因此，原型和图式的分类被视为统一的现象，这一统一有助于解释复杂的语义类别或网络。原型被定义为"类别里的典型例子"，而图式是"与其定义的类别里的所有成员完全兼容的抽象表征"。我们应该注意的是，Langacker 定义中的"图式"包含从语言使用实例中抽象出来的一般模式，这些图式与 Lakoff 定义的"意象图式"不同。意象图式是指许多反复出现的具体体验（例如容器）在我们的头脑中运行，因此可以影响我们使用语言的方式，但它们可能不会像图式那样揭示实际语言使用的一般特征。

Langacker 引入了两种主要类型的语义关系，即精化（图式与其实例之间的关系）和扩展（原型和外围值之间的关系）。人们认识到，外延分类通常"预设并包含图式关系"，因此语义网络中词汇项的原型意义可能在某种程度上包含其图式特征。因此，Langacker（1987，第 373 页）提出，原型的扩展分类应该具有图 3-1 所示的结构，其中 PT 代表原型，SCH 代表图式，X 代表由原型定义的概念。

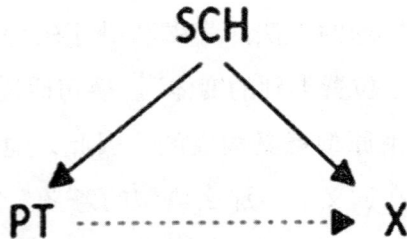

图 3-1　从原型扩展而来的类别

认知语言学中多义性的这一系列研究表明，在单一语言形式的不同含义之间存在系统关系，允许某个语言项的某些含义在语义类别（或多义网络）中变得更加中心化，而其他含义则更加次要。

三、前期关于多义性研究的局限性

我们尽管可以将词汇/语法项的多义网络视为由原型意义构成，但存在着一个问题，即我们怎么解释关于在多义词或语素中观察到的可能的意义分组。Brugman/Lakoff 的意义区分理论仍然存在几个未解决的问题，并引起了一些研究人员的注意。

首先，Sandra & Rice（1995，第 90-95 页）和 Sandra（2007）批评了 Lakoff 所谓的"完全规范"观点，其中每个词项都有多种意义。因此，我们需要一种"客观且可复制"的方法来辨别一个词的不同含义。此外，考虑到词汇网络模型缺乏区分用法的明确标准，"不同的语言学家倾向在用法类别之间做出不同的区分，并且对相同的介词更喜欢用不同的网络"：径向结构网络或图式网络。Cuyckens、Sandra & Rice（2007）认为，"目前存在的多种的网络模型导致无法判断所研究模型类型的正确性"。

此外，在分析多义词的各种含义时，网络模型选择的不确定性需要我们找出合适的网络模型，这样可以更好地捕捉多义词（或介词）的语言现实（如果不是认知现实）。通过评估网络模型，我们首先想到的问题是多义词的丰富意义是归因于"词义领域还是句子意义领域（即词汇、上下文信息和语用推理意义的产物）"。也就是说，我们尚不清楚上下文对多义词含义的确切作用。最近的一些认知语言学对词汇表征的解释通过引入多义词研究中的上下文来解决词义消歧的问题。他们的总体想法似乎是语义结构与大量潜在的知识相关联，我们可以通过单词的使用历史和单词所编码的概念结构来理解这些知识。与 Lakoff/Brugman 对词汇表征的解释相反，在这种研究中，语义结构不是像"完整规范"观点中那样静态的、规定性的。基于用法的方法是所提倡的，考虑到了一个词在特定上下文使用中的定位意义。然而，最近的观点被 Harder（2009）认为淡化了输入的作用，消除了单词作为构建意义的提示作用，并要求语言使用者在他们的头脑中有先天的心理表征，以便在上下文中理解单词。

此外，有人指出，我们缺乏令人信服的证据支持这样一种观点，即由多义词的多种含义组成的共时语义网络与我们的概念系统密切相关并受其影响。正如 Sandra & Rice（1995，第99-104页）提出的那样，我们在开始时就要澄清可能对词汇网络做出的两个认知推断：第一个推断，即词汇网络是（或至少最低限度地）致力于心理过程（或认知功能），就是控制一个词的一个含义从另一个含义扩展的原则；第二个推断，即一个多义词的含义是语言使用者的心理表征。

有学者已经对第二个推断做出了两种可能的解释，包括就该假设的强版本和弱版本。该假设的一个强版本认为，多义词的每个含义对应语言使用者心理词典中的不同语义表示，而弱版本可能"将多义网络视为捕获语言用户心理表征方面的图形表征设备"，这意味着多义网络与心理表征兼容（或者它们仅指示表征结构的使用），但它们不直接代表他们。

还有一些研究人员认为，语言使用者可能无法像语言学家那样发现语言中的结构，因此语言使用者可能无法注意到一个词的不同含义之间的关系。因此，我们也可以发现"非同构视角"，即不承认多义网络和心理表征之间的密切联系的观点。这种非同构的观点还包括两种立场：（Ⅰ）如果多义网络模型被证明在经验上对一个多义词的含义是有效的，那么至少网络的某些属性必须对多义词含义做出心理表征；（Ⅱ）多义网络"只表示语言分析产品的工具，而不反映语言用户头脑中存储的内容"。

通过对单词使用的演变进行仔细的历时研究，我们可以尽可能地接近多义网络分类者（语言使用者）的心理过程。事实上，我们在一系列关于语义变化（包括语法化）的研究中发现，一个多义词或结构的意义发展过程是由我们独特的分类方式控制的。此外，一些实验研究表明，语言用户对多义词的意义进行了相当细粒度的区分，如该词的语义网络所示。我们似乎还需要更有说服力的证据来证明语义网络与网络所代表的心理表征之间的最佳关系。因此，有学者建议将实验结果与历时证据进行比较，来确定在特定语言使用历史发展中，多义词扩展含义/新用法的出现与语言使用者所评价的原型程度一致。根据 Bybee（2013，第 49 页），语言使用者分析语言表达并根据语音形式、含义和上下文对其进行分类，认知表征得以发展。新语言表达通过与现有认知表征作对比被排序和匹配。因此，我们对特定单词语义变化的研究可以为所有多义词所编码的认知表征提供依据。

四、语义变化与多义的关系

基于以上讨论，我们认为语义变化中发现的规律和方向，以及影响语义变化（和语法化）的各种因素（如语用推理、句子上下文、构式意义）可以为我们理解多义词提供更多的证据。大多数关于多义性的早期研究都将其视为历史变化的结果。一个词的语义变化涉及两个方面，包括发展过程和控制变化的机制，它们是导致词汇或语法项多义的非常重要的因素。

在认知语言学中，共时数据通常是调查空间词语各种意义之间语义关系的主要来源。这些关于中英文空间词语多义性的研究，可以应用包括原型理论、概念隐喻理论、放射性类别、意象图式和转喻在内的认知框架来说明共时语言数据中特定空间词语意义之间的语义关系。空间词语在各种意义上所观察到的意义扩展同步过程（例如，通过隐喻转移和语用推理从原型到非原型意义的变化）有助于我们理解意义变化理论，并以某种方式阐明历史变化过程。更重要的是，意义扩展的共时过程表明变化不是一种附带现象，而是由语言结构的性质，实际上是语言系统本身的性质所导致的。这些研究尽管已经提供了空间词语不同意义间语义相关性的解释，但缺乏多义性问题的历时视角，这使我们难以揭示空间词语各种意义所遵循的发展路径。因此，我们并不清楚在语义变化的每个阶段究竟是何种机制在起作用，进而导致空间词语的多义性。

此外，单独对某个空间词语的相关意义进行共时研究可能无法详细解释代表不同含义的各种语法功能是如何形成并应用于同一个空间词语中的（例如，当"上"被用作抽象名词之后的后置词时，它失去了"顶面"的具体意义，并起到了一种限定活动领域的语法功能，如"在会议上"这句话）。文献中关于语义变化及其语法化来源的一些广泛讨论已经非常清楚地表明在大多数情况下语法意义源于词汇意义。认知语言学的研究人员认为，词汇和语法形成一个连续的有意义的结构，因此在某种程度上，它们不能相互孤立地被研究。对多种语言空间词语语法化的研究表明，单个方位词语的意义和形态句法结构都发生了变化，语法化链条在本质上类似于 Brugman、Lakoff 和其他人所讨论的意义链条、放射性类别或词汇网络。它表明一个语言项的意义和语法功能都是以系统的方式发展并与一个词汇项相关联的。此外，语法化对语言结构的主要影响之一是它产生了多义性。上述证据表明，语义和形态句法结构都是在语言使用中以系统的方式被塑造的，特定的概念（无论是具体的还是抽象的）是通过选择一个现有的词汇项并为其分配新的含义（包括物理的、非物理的或语法的）来表达的。某些语素的语义变化涉及从表示较少的词汇意义到表示较多的语法意义的连续变化。Sweetser 和 Traugott 都将与语法化相结合的语义变化视为可定义和可解释的，其中相同的框架足以解释一般的词汇语义变化。因此，我们不能只同时关注一个空间词的多重词汇意义，而忽视词在不同意义变化状态下所表现出的各种语法功能。换句话说，我们不仅要研究具体意义，还要研究与"上"等词项相关的语法意义，从而全面描述语义变化与多义性之间的关系。

　　此外，早期研究对词汇和句法在语义变化和语法化方面存在更传统的划分，因此我们很难区分上下文对一个词的各种含义的作用。另外，我们也很难看出在语义变化中所发现的因素（如语用推理）在多义中起什么样的作用。通过基于用法的视角观察特定语境下一个多义词（如空间词"上"）的历时语义变化，我们可以看到语境和因素在对一个多义词的制约中发挥着更重要的作用（即建立一个词的约定意义），以及使用事件中的目标结构符合新建立的约定意义。

第四章

认知翻译学视角下的汉语空间短语研究

本章将介绍此研究所涉及的数据来源，并将演示如何收集、处理和分析所有数据。我们使用 Tyler & Evans 的原则多义模型来解释与空间词"上"相关的各种意义，并且采用 Traugott & Trousdale 的构式方法来分析包含"上"的构式。我们首先介绍本书要解决的研究问题，并说明汉语在语义和语法功能上存在的孤立性特点，这些特点与"上"在历史发展过程中的语义变化紧密相关。

第一节　研究问题

本书基于汉语"上"实例追溯其语义变化，旨在回答以下问题。

1. 历时语义变化可以揭示哪些关于共时多义性的问题？更具体地说，汉语多义词"上"的词汇来源和演化路径（从语义和语法两个方面）是什么？"上"的各种意义如何在各个历史阶段发展并且同步形成多种相关意义？

2. 概念隐喻和语用推理如何促成汉语空间词语（即"上"）的语义变化和多义性？更具体地说，概念隐喻和语用推理在各个历史时期对"上"的各种含义起到什么作用？

3. 我们能否将构式方法应用于汉语空间词的分析中？更具体地说，包含"上"的构式是如何发展并形成网络的？含"上"的各种构式的发展是否会影响"上"的语义变化？

4. 其他语境因素在汉语空间词语（即"上"）的语义中起什么作用？更具体地说，各种语境因素，包括搭配、构式意义、使用频率和体裁类型，如何影响"上"的使用？

另外，在解答以上问题的过程中，我们还会探讨汉语空间词"上"的多义性与翻译的关系，探讨各种因素，如搭配、构式意义、使用频率或者体裁等如何影响空间词语的翻译。

第二节　数据采集与处理

一、汉语的孤立性

首先需要指出的是，汉语语言体系由许多传统上被视为"方言"的变体组成，尽管它们在互相理解这一层面上可能存在很大的差别（如北方方言和南方方言）。因此，如果不进一步区分，我们在以下讨论中所指的汉语语言或汉语都属于普通话的范围，即以北京方言为基础而建立的中国官方语言。与拉丁语和土耳其语等具有相对丰富的后缀和前缀的语言相比（甚至与具有少量标记性质的英语来比），中文在屈折和派生语素方面表现出的形态复杂性非常小。这种语言被称为孤立语言。但是需要注意的是，汉语（尤其是现代汉语）在另一种形态组合中比较丰富，即复合词，另外汉语中也同样存在一些后缀形式。

汉语拥有丰富而连续的历史资料，最早的记录已有 3000 多年。书写系统上似乎没有重大的类型变化使现代汉语的使用者完全无法理解古汉语（至少我们仍然还可以识别大多数字符，可以理解上古汉语中一些单词的含义），但是单词结构、词的功能、词序等在过去的 3000 年里都发生了变化。有人认为，汉语的孤立性质有助于汉语词素在发展过程中实现意义的"积累"。因此，在介绍关于"上"的研究结果之前，我们要在三个层次上展示汉语的孤立性：形态、句法和语篇层次。

（一）在形态层面

汉语在形态层面两个类型参数上与"上"等语言项的历时发展有关，它们是词的结构复杂性和每个单词的音节数。关于第一个方面，汉语中的语素大多对应一个字（即一个音节）。此外，数、格、性别、时态、语气等语法类别也存在不一致性。汉语中唯一的复数标记是单数代词的后缀"们"。这种在汉语各个历史阶段所见的形态特征，在一定程度上影响了汉语多义词的发展。同一个词，如本书所分析的空间词"上"，在汉语不同时期具有多种语法功能，包括作为主语、宾语、副词、后置词、主要动词或动词补语。可见，汉语这种无标记的词素结构在解释单个词的语法功能时具有"灵活性和相对自由性"，从而会导致同一词项的多个意义（即多义性特征）。

根据如何定义"词"这一概念，学界对汉语每个词的一般音节数有两种不同的观点。我们如果认为"词"等同于"字",那么汉语就可以被认为是一种单音节语言,因为在口语中每个字只对应一个音节。因此,"上帝"等表达方式中就有两个词。然而,"词"这个用语也可以被视为"口语中以句法和语义独立性和完整性为特征的一个单位"。根据后一个观点,双音节或多音节形式,如"上帝",即使是两个或两个以上的字,也只构成一个词。大家似乎普遍认为汉语在早期是一种单音节语言。因此,我们认为汉语起初是单音节语言,每个词只由一个词素组成,但它呈现出一个词包含两个或多个词素的双音节甚至多音节语言的发展趋势。根据 Dong(2012,第 7 页)的说法,单音节词语在上古汉语时期比较普遍。双音节词最早出现于西周早期(约公元前 10 年),并且双音节词的数量在春秋时期(约公元前 770 年至公元前 476 年)有所增加。在东汉时期(大约公元前 206 年至公元 23 年),双音节词进一步发展,它们构成了唐朝(618—907 年)的主要词汇系统。正如 Dong(2012,第 237 页)所说,双音节词,主要是复合词,是由两个词素或字符组合而成的。例如,双音节词或复合词"上帝"是由"上"和"帝"组合而成的,并且"上帝"中的独立词"上"最早是从句中独立名词性词语"帝"的修饰语。根据 Dong(2012,第 237 页)的观点,汉语中大多数双音节词是通过重新分析包含两个单音节词的词组而出现的。这是一个词汇化的过程,其中两个单音节词之间的词边界丢失,而建立起一个双音节词。词汇化后,双音节词中的一个语素,如"上帝"中"上"的含义可能会变得模糊。

(二)在句法层面

汉语中缺乏一致性标记,这使句子在对句法单元的语义关系进行分类时变得困难。换言之，与那些对格、时态和/或语气有明确标记的语言（例如拉丁语）相比，汉语句子中词素的语义和/或语法作用可能并不容易被发现。我们仍然可以通过"主题"和句子的词序两个方面来识别汉语句子中各种语素之间的语义关系。众所周知，汉语的描述除了"主语"和"直接宾语"的语法关系外，还必须包含"主题"这个元素，因为汉语是一种"主题突出"语言，汉语区别于主语突出语言。主题基本上是一个句子的内容。它总是出现在一个句子中，并描述了听众可能知道的事情。汉语的"主题突出"特性导致了其另一个特点，即灵活的词序。例如，有研究发现，大多数"上"例子在早期上古汉语中位于动词后位置，如示例（4.1）所示，但在晚期上古汉语中，"上"出现在动词前位置的实例更多，如示例（4.2）所示。"上"在示例（4.2）中出现在动词前的一个原因是它代表了句子的主题，即"在一个地方的这一情况"。然而，句子（4.1）中的主题是"在一个地方存在帝王的神性"。

（4.1）文王在上（早期上古汉语：《诗经》）。

（4.2）上可而利天（晚期上古汉语：《墨子》）。

（三）在话语层面

汉语中屈折形态的缺乏很好地被体现在语篇层面上。这里的"话语"被理解为由构成句子—句子的词组成。正如 Xing（2012，第9页）所说，汉语句子是按照"因—果"的逻辑关系排列的。相对固定的语篇结构是孤立语言的一个特征，可以帮助我们识别汉语从句的意思和从句中词项的含义。例如，示例（4.3）所示，动词"上"的含义描述了由动词"推"表示的"推"动作的结果。话语中嵌入的"因—果"逻辑关系是"当某人被他人推动时，他/她将处于更高的位置"。用于描述句子中两个或多个相关事件的动词被称为连续动词结构。

（4.3）是故推而上之（晚期上古汉语:《墨子》）。

正如上面的讨论所示，汉语的孤立性要求我们在对一个语言项的意义和语法功能进行分类时要依赖句子上下文。"上"的语法功能和意义的灵活解释（尤其是在现代汉语之前）表明:汉语从句中一个词（如"上"）的意义和语法功能可以很容易地被强制转换为适合整个句子的上下文意义。因此，我们需要调查可能影响"上"在特定使用事件中历时发展的各种因素，包括与"上"经常出现的词类、"上"在各从句中的语法功能和意义、"上"的整体意义和词序、"上"所出现的分句。

二、数据来源

历时语料库中真实的汉语数据为我们追溯方位词"上"的不同含义提供了最佳途径。没有一个语料库包含从古代到 21 世纪时期产生的所有汉语文本或书面作品。此外，我们虽然能在大型历史语料库中调查特定语言项的所有用法，但在实际实践中可能会很困难且非常耗时，因为我们可能会在包含了大量文本的单个历时语料库中发现许多重复用法。因此，本书选取了三个汉语语料库中的代表性文本和书面作品，使其成为本书的数据来源。三个汉语语料库分别是北京大学汉语语言学中心语料库（CCL corpus）、谢菲尔德汉语语料库（SCC）和加州大学洛杉矶分校第二版汉语书面语料库（UCLA2）。我们下面分别介绍这三个语料库的详细信息以及选用这些语料库中某些文本或书面作品的原因。

北京大学汉语语言学中心语料库由中国北京大学中国语言学中心建立，旨在尽可能收集涵盖不同时代的汉语书面文本，用于汉语研究和教学。CLL 语料库中用古汉语书写的文本包含大约 1.63 亿个汉字，产生于从周朝到民国时期（即早期古汉语/大约从公元前 1046 年到现代汉语/1949 年）。当代汉语文本有 5.09 亿字，文本出现于 1949 年（中华人民共和国成立）以后。CLL 语料库的优势在于，它包含了目前在线最多的历史汉语数据。所以，我们从 CLL 中收集了古代汉语、中世纪汉语和现代汉语里大部分"上"的实例。CLL 语料库中没有区分文本类型或体裁类型，CLL 语料库中所包含的当代文本主要产生于 20 世纪 90 年代中期左右。CLL 语料库的另一个问题是，早期原著者和后期编辑者共同撰写的经典书籍中某些历史作品被视为代表同时产生的单一作品（例如，文本在《尚书·史经》中，融合了不同历史时期的语言特点或风格）。因此，本书还考虑了其他两个语料库中的文本，以便进行补充和修正。

谢菲尔德汉语语料库提供"涵盖中国历史文本的大量数字资源，这些文本包含不同文本类型和体裁并且处于不同的时期"。来自 SCC 的历史文本根据其文本出现的时间参考了 Peyraube 所提出的年代框架进行划分，包括了早期上古汉语（公元前 10—6 世纪）、晚期上古汉语（公元前 5—2 世纪）、前中古汉语（公元前 1 世纪—公元 1 世纪）、中古早期汉语（2—6 世纪）、中古晚期汉语（7—13 世纪中期）、前现代汉语（13 世纪中期到 14 世纪）和现代汉语（15 世纪至 19 世纪中期）。我们在收集数据时也采用这种按时间顺序排列的框架。我们在 SCC 中选择的历史文本代表了不同时期不同类型的作品，并主要分为两种文本类型——文学和非文学。这两种类型都包含不同体裁的文本。SCC 中不同时期文本的收录取决于文本的原始创造日期，而不是一些旧文本的印刷日期。SCC 允许我们搜索特定文本中所有出现的"上"字，并且这些搜索还可以限制到体裁类型和出现的时间段。与 CLL 语料库不同的是，SCC 语料库后期编辑或学者所修改的同一历史著作中的内容被排除在 SCC 语料库中，这使我们能够收集特定时期出现的历史文本。因此，本书使用 SCC 来补充 CLL 语料库中未找到的历史文本，并删除 CLL 语料库中不完全代表特定时期作品的数据。由于 SCC 中收录的文本并不多，本书的历史文本大多是从 CLL 语料库中收集的。

在 SCC 和 CLL 语料库中选择历史文本时，我们考虑了三个因素，即所选书籍或散文中文本的原始产生时间、文本所代表的体裁类型，以及所撰写书籍或散文在特定的时间里的流行度和代表性。在上古汉语中，哲学文本占主导地位，文本类型非常有限。哲学文本包含许多与当代数据相当的对话或故事。为了平衡上古汉语中的文本类型，我们还包括了描述历史、战争、法律作品和诗歌的文本。为保证多样性和兼容性，中古汉语和现代汉语所选择的文本体裁包括小说、自然科学、小说和诗歌。下表 4-1 显示了选自 SCC 和 CLL 语料库里的经典书籍的文本特征。这些历史文本构成了本书中上古、中古和现代汉语的数据来源。

表 4-1　古代及当代汉语数据来源

时间框架	语料库	书名	产生时间	体裁类型
早期上古汉语（公元前10—6 世纪）	CCL	《诗经》	11th—7th c. B. C.	诗歌和歌曲
	SCC	《书经》	6th c. B. C.	历史
	SCC	《道德经》	6th—早期 5th c. B. C.	哲学文本
	SCC	《孙子兵法》	515—512 B. C.	战争

续表

时间框架	语料库	书名	产生时间	体裁类型
晚期上古汉语 （公元前 5—2 世纪）	CCL	《墨子》	公元前 476—221	哲学文本
	CCL	《论语》	公元前 475—221	哲学文本
	CCL	《孟子》	公元前 372—289	哲学文本
	SCC	《商君书》	从公元前 3 世纪开始	法律作品
	CCL	《大学》	公元前 221—206	哲学文本
	SCC	《中庸》	公元前 221—206	哲学文本
前中古汉语 （公元前 1 世纪— 公元 1 世纪）	CLL	《淮南子》	公元前 139 年之前	哲学文本
中古早期汉语 （2—6 世纪）	CLL	《世说新语》	420—479	小说
中古晚期汉语 （7—13 世纪中期）	CLL	《唐诗三百首》	61—907	诗集
	CLL	《梦溪笔谈》	1086—1093	自然科学
前现代汉语 （13 世纪中期 至 14 世纪）	CLL	《三国演义》	14 世纪	历史小说
现代汉语 （19 世纪中期 至 20 世纪）	CLL	《老残游记》	1903	小说

　　UCLA 汉语书面语语料库第二版被设计为英式英语弗莱堡 LOB
语料库和美式英语的弗莱堡—布朗语料库（Frown）的中文对应语料
库，用于对比研究，以及最近更新的兰卡斯特汉语语料库（LCMC）
可用于针对 2000—2012 年书面汉语变化的历时研究。语料库中的样
本均来自 2000—2012 年互联网上的当代书面汉语文本，尽管部分文
本可能来自早年的纸质出版物并经过转换。UCLA2 涵盖多种体裁，
包括报告文学、社论、评论、宗教、技能、行业和爱好、流行知识、

散文和传记、报告和官方文件、学术散文、普通小说、神秘和侦探故事、科幻小说、冒险故事、浪漫小说和幽默故事。被纳入 CCL 语料库中的当代文本大多写于 20 世纪 90 年代中期，并且作品未根据 CCL 语料库中的体裁类型进行分类，因此我们从 UCLA2 中收集当代汉语数据。如下表 4-2 所示，我们从 UCLA2 中选择以下类型的书面作品作为当代汉语的来源。选择书面作品以下类型体裁的原因是与 SCC 和 CLL 语料库中的上古汉语、中古汉语和现代汉语中所选定文本相比，我们试图保持体裁类型的一致性。

表 4-2 当代汉语数据来源

当代汉语 （19 世纪中期至 20 世纪）	一般小说
	科幻小说
	报告文学
	学术写作
	爱情故事

三、数据采集

利用三个语料库中的在线搜索工具，我们首先在所选文本和书面作品中搜索字符"上"，然后手动收集所有包含"上"实例的索引行。本书收集并分析了出现在相关词条中的大多数"上"的实例，但在《墨子》《三国演义》《老残游记中》出现的"上"被按照每三例抽取一次来取样，因为这些文本中的"上"实例太多。同样，当代汉语中每三个出现在不同体裁书面作品中的"上"都会被收集起来，来限制采集实例的数量。我们还手动删除了用"上"代表

"尚"等其他借音字的实例。表4-3展示了从所选文本和书面作品中收集的三个语料库中不同时期汉语"上"的词频。

表4-3 "上"词频

	"上"词频
早期上古汉语（公元前10—6世纪）	122
晚期上古汉语（公元前5—2世纪）	360
前中古汉语（公元前1世纪—公元1世纪）	319
中古早期汉语（2—6世纪）	138
中古晚期汉语（7—13世纪中期）	287
前现代汉语（13世纪中期至14世纪）	303
现代汉语（15世纪至19世纪中期）	389
当代汉语（19世纪中期至20世纪）	831
全部	2749

四、数据处理

我们首先分析和归类了索引行句子中所有"上"的语法功能和意义。我们分类时依据四种资源及参考资料，选定历史著作进行解释的材料、汉语词典、语法书籍，以及之前的有关"上"的研究。通过查阅这些参考资料，我们旨在限制语义及语法分类的主观性。不得不承认，在某些情况下，我们必须依靠母语者的直觉来判断"上"的含义。

在对资料进行分析时，我们更注重在一定阶段经常出现的"上"的意义和语法功能，以及与其他"上"的用法所不同的特殊用法。

基于用法的语言研究的理论框架，我们提供了与不同时期更创新的"上"用法相关的认知动机和语境动机。通过观察"上"发生的伴随语境，我们判断"上"创新用法的产生。

首先，我们采用了 Sullivan（2007）的方法区分隐喻和基于推理的变化。对明确的隐喻变化，我们展示了公认的潜在隐喻（如 More is up），并解释了为什么意义扩展不是基于推理而进行的。对基于推理的扩展意义，我们展示了推理可能已经开始的早期模棱两可的例子，然后提供了一个后来出现的例子，其中扩展的意义是明确的，证明扩展的意义已经成为一个广义的邀请推理。此外，我们还展示了隐喻延伸和邀请推理之间的重叠，并展示了这两种机制为何以及如何共同激发"上"的创新意义。

其次，我们采用 Tyler & Evans（2003）的原则性一词多义模型来区分"上"的意义。"上"的初级意义是基于 Tyler & Evans（2003，第 47 页）提到的五个语言证据而提出的，包括最早得到证实的含义、在语义网络中的优势意义（即在大多数"上"的语义中包括独特的射体—界标配置）、在复合形式中的使用意义（即"上地""上天"中的"上"）、与其他空间词素的关系（即"上"相对于"下"的含义）和语法预测（即"上"的使用上下文所提供的有关初级和不同意义之间关系的信息）。根据 Tyler and Evans（2003，第 42-43 页）提供的两个标准，"上"的创新意义被认为是多义的或不同的：不同的"上"的意义应该包括非空间意义或与初级意义中所含的射体及界标不一样的意义；"上"的意思应该是与上下文无关的，不能从其他意思和所使用它的上下文中被推断出来。

最后，我们采用 Traugott & Trousdale 的语言演变构式方法来分析包含"上"的各种构式。我们通过将一个意义与一个相同但缺少"上"的构式进行比较，来表明这个意义是包含"上"的构式的一部分。例如，构式（主语 位于 名词 上）的意思是"某人位于某个地方或物体的高处"，而（主语 位于 名词 下）是指"某人位于某个地方或物体的低处"。此外，我们通过替换词法替换开放槽中的单词来确定意义的一个方面是构式性的，并查看构式的特定含义的变化。例如，构式（主语 动词 介词 名词 上）表达了"在另一物的顶面上添加某物"的构式意义。当我们在主语、动词和名词的槽中替换单词时，特殊含义不会消失。我们至少提供了两个构式的例子来表明意义归因于特定的构式而不是构式中的词汇项。此外，我们在分析中重点关注以下几个方面，涉及构式出现的生命周期（即新构式如何进入图式、停留在边缘，甚至被废弃），各构式之间在网络中的重构，以及批准使用"上"的多种意象图式。在分析中，我们还观察了与"上"一起出现的名词的特征，探讨在各个历史时期和现代汉语的不同体裁中，有哪些名词通常与"上"一起使用。

第三节　"上"在上古及中古汉语中的语义网络

在上一节，我们讨论了汉语的孤立性以及数据收集和分析的方式。本节首先介绍空间词素是如何编码空间关系的；然后，讨论隐喻和邀请推理如何激发语义扩展；最后，详细说明语义发展的路径。通过说明在上古汉语和中古汉语中"上"的不同意义，我们展示了这些意义是如何根据隐喻和邀请推理形成的。

一、空间关系和意义

英文的 above 和中文的 "上" 等空间助词可以描述空间关系，提示空间物理体验。正如 Tyler & Evans（2003，第 25 页）所指出的，空间物理体验提供了构建基于空间概念的大部分基本语义结构，只有理解空间物理体验的基本性质，我们才能理解使用某种语言的人（如英语）如何使用空间助词（例如，over、in 等）。英语的空间词 in 描述了射体位于界标中的这一空间配置，就像在 I awoke in my bedroom 这句中 in 的使用。在这种情况下，我们根据包含的具体体验来理解被界标包围的射体的空间配置，这种体验可以产生由英语空间词素 in 所编码的包含概念。此外，正如 Tyler & Evans（2003，第 26 页）所论证的那样，空间关系中射体和界标之间的相互作用会对两个参与实体产生重要影响，因此容器中射体的有意义的影响后果是射体的活动受到界标（即容器）的约束和限定。空间配置中射体和界标之间的功能元素也可以用来描述非空间情况，如在 Will is in love 中，状态被概念化为影响恋爱中人的 "容器"。也就是说，射体和界标配置的功能性质也可以导致相关的非空间影响后果和推断，通过这样做，非空间意义发展与特定空间元素相关联。正如我们在下面的分析中所展示的，"上" 编码的空间配置（即射体位于界标的高处位置）与 "上" 的空间和非空间（或隐喻）含义相关。

二、语义变化中的隐喻扩展和邀请推理

隐喻扩展和邀请推理被认为是导致语义变化的两个重要动机。

可以看出，不管是隐喻扩展还是邀请推理，它们都可以成功解释如 see 意为"知道"或"理解"这种语义的变化。Sullivan 展示了这两个模型如何解释 see 意为"知道"或"理解"这一延伸意义。在隐喻扩展理论中，see"知道/理解"的扩展含义反映了公认的隐喻概念"知道就是看到"。根据 Sweetser（1990，第 33 页），Sullivan（2007）指出，see 的扩展含义可能始于印欧语系，当时 sekw（发展为英语的 see）被一个演讲者作为一个创新的比喻来指代"知道"。"知道就是看到"的结构化映射允许说话者采用来自源域的词汇项，即"看到"中的 see，表达目标域"知道"中"知道/理解"的意思。由于这个比喻，听话者知道动词 see 并不是代表其字面的意思，而是在如 I see what you mean 的上下文中表示"知道/理解"的意思。在邀请推理模型中，词项 see"意义为真实地看见"，在包含两种解释的模糊语境中邀请了"知道"这一推理义。随着时间的推移，人们在这些模棱两可的上下文中反复使用 see 就会使推理模式在整个语言社区中被传播，从而产生了广义的邀请推理。然后，广义推理被词汇化为 see 的多义词或编码含义。人们用"看到"表示"知道/理解"的变化代表了隐喻/语用推理重叠的一个实例，这表明隐喻和推理代表了两种类型的变化，它们可以协同工作来激发一个词项的新用法。

　　一些扩展可以通过邀请推理或者隐喻扩展来解释，这表明这两个模型都可以解释其中一个模型不能解释的变化。例如，Sullivan 认为，see 的"约会"意义（如 Are you seeing anyone right now?）首先出现在含糊不清的上下文中，在上下文中，人们发现了"约会"和"看到并会面"的解释。"约会"的这一推断义后来在整个讲英语的人群中得到推广，并出现在明确的上下文中。没有证据表明有潜在的概念隐喻可以解释"约会"的意义，这表明从"看"到"约会"的意义变化是邀请推理的结果。Sullivan 还表明存在隐喻扩展引起语义变化的明确例子。例如，brilliant 的"聪慧"的扩展义是"知道就是看到"概念隐喻的实例化。作为"知道就是看到"隐喻的一部分，从光源映射到知识源，这允许说话者从源域的"发光"含义中检索目标域中的"聪慧"含义。针对 brilliant，"发光"和"聪慧"的两种意义并没有含糊不清的用法，因为"聪明的人并不会发光，因此，发光永远不会引起聪慧这一推论"。brilliant 的两种解释之间缺乏模棱两可的上下文表明，brilliant "聪慧"的这一意义不可能是邀请推理的结果。正如在下面的分析中所展示的那样，我们将隐喻与基于推理的变化区分开来，并说明如何基于这两种模型形成"上"的扩展意义。

三、新含义如何成为惯例

我们知道，在语言的"在线"生产中，说话者或作者可能会基于隐喻或/和邀请推理启动词素的新用法。然而，Traugott & Dasher（2002，第34-35页）认为新用法可能会或可能不会被传播到其他说话者中，只有当他们"获得社会价值并在社区中变得突出时，他们才有可能被传播到其他语言环境和其他说话或者写作者中"。也就是说，通过语言用户在上下文中的频繁使用，推理意义变得普遍化，正如 Traugott & Dasher（2002，第35页）指出的那样，从历史上看，从编码含义（或旧含义）到话语标记含义（或邀请推理）到话语类型含义（或普遍邀请推理）到新的多义（编码）含义，这意味着在旧用法的基础上出现了新用法。在"原始编码含义占主导地位或至少同等可访问"的条件下，创新用法被视为普遍邀请推理。然而当"原始含义在某些上下文中仅成为痕迹或消失时，可以认为普遍邀请推理已被语义化为新的多义词或编码含义"。换句话说，当它所衍生的原始含义不容易被识别甚至消失时，普遍邀请推理就变成了编码含义。然而，我们需要注意的是，从一个普遍邀请推理到一个新的多义词（或一个编码的意义）的变化是渐进的，这意味着同一语言项的旧意义可能与新意义共存数百年。在下面的分析中，我们将展示"上"是如何根据旧用法获得新的多义词性的，并说明新的含义如何通过重复使用的语境变得约定俗成。

四、"上"的初始意义

基于 Langacker（1987，第 376 页）的建议，各种类型的证据可以帮助我们识别复杂类别的结构，Tyler & Evans（2003，第 47 页）相信有一个更有原则并能确定单个空间词素适当初始意义的主要方法。Tyler & Evans 提出的用于确定初始意义的语言证据：（1）最早证明的意义；（2）在语义网络中占据优势的意义；（3）可以在复合形式中被使用；（4）与其他空间元素的关系；（5）语法预测。我们下面将根据这些标准提出"上"的初始含义。

正如 Tyler & Evans（2003，第 47 页）所论证的那样，由于语言内空间关系非常稳定的分类性质，初始意义的一个可能候选者就是历史上最早的意义。根据《说文解字》的解释，空间字"上"指"高"。汉语是一门孤立的语言，涉及无标记的词结构，所以我们很难知道最早使用"上"时它的词性。对"上"词性的灵活解释，我们允许存在三种可能的最早含义，即"高""高处"和"朝向高处"。这三种用法侧重不同的方面："高"的意思强调离地面很远；"高处"突出显示物体或人所在的高处；"朝向高处"强调朝向高处的方向。历史记载有限，我们无法知道这三种含义中的哪一种最先出现。然而，我们在数据中发现，早期上古汉语中的"上"经常表达"高处"的意思，这说明"高处"可能是"上"最早用法的最佳代表。Tyler & Evans（2003，第48页）将主要优势解释为"语义网络中发现的大多数不同意义所涉及的独特空间配置"。我们发现上古汉语中有八种与"上"相关的不同意义，其中四种涉及射体位于高处（这在前面章节中进行了详细的讨论）。因此，"上"的主要含义涉及位于高位置的射体（界标有时可以不加详述）。此外，我们在上古汉语数据中发现，"上"出现在最常出现的复合词组中，如"上帝"和"上天"。这些单位涉及位于高处的射体（即上帝或天空）的关系。基于与其他空间元素关系的四个标准，我们标记为"上"的部分取决于我们所标记为"下面"的内容。例如，示例（4.4）所示，一个对比集"上"和"下"描述了"高处"和"低处"，这表明"上"的主要意义是"高处"。

（4.4）强大处下，柔软处上（后置词）（早期上古汉语：《道德经》）。

至于语法预测，它意味着通过观察句子上下文中使用的特定元素，我们可以找到原始意义与从中派生出的独特意义之间的密切关系。这个想法与Langacker（1987）关于通过扩展导致额外意义的"制裁"意义的讨论不一致。例如，"上"在上古汉语中有明显的"高级官员/总督/君主"的意思，如示例（4.5）所示。句子（4.6）

提供了上下文，表明位于比其他人更高地位的人拥有更大的权力，应该受到尊重。"高级官员"的独特含义与基于"高地位就是上"这一隐喻中的"上"相关联，在这个比喻中，地位高的人被概念化为居于高处。也就是说，"高级官员"的独特意义通过比喻与基本意义"高处"联系起来，并且通过频繁地使用语境，隐喻用法成为"上"意义的一部分。

（4.5）令民与上同意（早期上古汉语：《孙子兵法》）。

（4.6）为人上者，奈何不敬？（早期上古汉语：《书经》）。

五、上古汉语中"上"的不同意义

回顾 Tyler & Evans（2003，第 42-43 页）所确定的与空间元素相关的不同意义的标准，其表明：首先，其他的意义本质上不是空间的和/或空间配置（即射体和界标配置）在其他的含义中是唯一的；其次，我们不能从另一种意义和它所发生的上下文中推断出独特的意义。基于这两个标准，我们发现了与上古汉语中空间词"上"相关的八种不同意义，其中四种涉及概念隐喻，一种涉及邀请推理。"上"基于比喻的延伸含义是"高级官员""好/最好""更多"和"更早的时间/过去"。通过邀请推理，与"上"相关的独特意义是"天空/天堂"。"上"的"使某物移动到更高/更高的地方"的使义含义是上古汉语中使动动词普遍发展的结果。"上"从另一种结构中获得动词功能后，出现了"移动到更高/更高的位置"和"移动并到达更高/更高的位置"两种含义。

（一）"上"涉及隐喻的语义扩展

有人认为，大量的多义性是由于隐喻的使用，这表明与像"上"

这样的空间词素相关的意义可能是隐喻的延伸。根据 Tyler 和 Evans（2003，第 42 页），当隐喻意义（即非空间意义）与空间词相关联时，它可以被视为空间词独特意义的一个实例。Lakoff & Johnson（2008，第 14-17 页）将涉及空间定句的隐喻，如"上下""进出"或"前后"，称为定向隐喻，它们以我们的身体和文化体验为基础。例如，数量的增加是根据空间概念"上"来概念化的。空间隐喻"多就是上"，使"上"能够描述价格的上涨，如示例（4.7）所示。我们发现上古汉语中与"上"相关的不同意义，它们是"高级官员/治理者"，"好的/最好的""更多"和"更早的时间"，这些意义通过广为人知的隐喻成为"上"含义的一部分。

（4.7）鸡蛋价格又上去了。

（a）"高级官员/治理者"的独特意义

与上古汉语中的"上"相关的"高级官员/治理者"的独特含义是概念隐喻"高地位就是高"的语言实例。正如 Lakoff & Johnson（2008，第 16 页）所论证的那样，这个比喻的社会和物理基础是地位与（社会）权力相关，而（物理）权力是向上的。也就是说，我们从垂直性的角度来理解社会权力。在上古汉语中，"上"的意思是"高级官员/治理者"，如例子（4.8）和（4.9）所示。

在这些例子中，"上位者"被比喻为"高级官员"。"一个高级官员就是一个高位置"反映了一个事实，即高度与权力相关联，高度被映射到官员的高社会地位。隐喻映射"一个高级官员就是一个高位置"，允许说话者从源域"位置高"中寻找表示"高级官员"的目标域。

（4.8）居下位而不获于上（晚期上古汉语：《中庸》）。

（4.9）皆欲得上之赏誉（晚期上古汉语：《墨子》）。

需要注意的是，我们无法找到证据表明这两种用法可以出现在同一上下文中。换言之，"高位"和"高级官员"这两种用法之间没有模糊的上下文。社会权力大的人，不一定身居高处，高处绝不会推导出高级官员这一推理义。所以，"上"意为"高级官员"的外延意义，不可能是邀请推理的结果。邀请推理解释的不适用性使隐喻扩展为对这种变化的最佳解释。

（b）独特的意义"好/最好"

另一个明显的"好/最好"的含义与上古汉语中的"好就是上"相关联，正如 Lakoff & Johnson 所说："幸福、健康、生活和控制事物——对一个人有益的东西通常都被表征为是向上的。"也就是说，当一个人感到快乐、健康、精力充沛时，他/她的身体往往呈直立的状态。因此，我们将质量最好的事物或人理解为在物理上位于更高或最高的位置。（4.10）和（4.11）显示了"上"指代"好/最好"的例子。在这些例子中，"上"被比喻为"好的或者更好的"。概念隐喻"好就是上"表明高度和良好质量之间存在相关性，这允许源域"高"被映射到目标域"好"中。映射"好就是上"允许说话者从表示"高"的源域中寻找表示"好/最好"的目标域，同样也没有存在"高"和"好/最好"这两种含义之间的模糊上下文。具有良好质量的事物或人在物理上可能不位于高的位置，并且高的位置不能推导出良好质量这一推断。因此，与"上"相关的"好/最好"的独特含义必须归因于隐喻而不是邀请推理。

（4.10）上善若水（早期上古汉语：《道德经》）。

（4.11）故上兵伐谋（早期上古汉语：《孙子兵法》）。

（c）独特的意义"更多"

空间词"上"在上古汉语中有"更多"的意思。如前所述，数量和垂直度是相关的，这是由于我们在将东西添加到一堆中能看到一堆东西变得更高的共同经验。数量和垂直度在客观上并不相同，但是它们在我们的认知系统中是相互关联的，这使我们能够从源域"上"的角度更多地了解目标域"多"。（4.12）和（4.13）显示了"上"意为"更多"的例子。如果采用隐喻的说法，我们可以说"上"通过概念映射"多就是高"从源域"高"中获得了"更多"这一目标域。然而，我们发现在一些模棱两可的上下文中，"上"可能意味着"更多"或"高"。例如，在例子（4.14）中，在描述水的深度时，"上"意味着有更多的水。我们并不确定这两种解释中的哪一种，"高"（中心含义）和"更多"（推断的含义）是说话者的本意。因此，隐喻与邀请推理在获得"更多"这一独特意义的过程中存在重叠。

（4.12）车战得车十乘以上（早期上古汉语：《孙子兵法》）。

（4.13）水缸容三石以上（晚期上古汉语：《墨子》）。

（4.14）视外水深丈以上（晚期上古汉语：《墨子》）。

（d）独特的意义"更早的时间/过去"

在上古汉语中，"上"表示更早的时间涉及隐喻"早期时间就是上"，正如许多研究人员所指出的那样，这个隐喻适合更大的"时间就是空间"隐喻系统。"早期时间就是上"强调了时间流逝是沿垂直轴运动的这一隐喻。中国人认为较早时间位于较晚时间的上面，这可能是因为他们崇拜过去的事件和祖先，并认为它们位于更高的地方。说中国人把时间概念化为早期时间在后期时间以上，这并不意味着这种理解时间的方式在英语语言的概念系统中不存在。Yu（Yu，1996，第112页）提到家谱的绘制方法是将最老的一代放在顶部，然后往下是最年轻的一代。因此，遗产或财产是世世代代传承下来的，永远不会向上升。然而，与中文相比，英语倾向将较晚的时间概念化为较早的时间之上，如语言实例"from 1918 up to 1945"或"from the middle ages up to the present day"。两种语言的空间词汇对时间进行词汇化的方式，表明我们的物理经验为空间隐喻提供了许多可能的基础。然而，选择哪些隐喻以及哪些隐喻是主要的，可能因文化而异。根据Radden（2003，第228页）的说法，时间的垂直轴符合人们普遍认为的时间流动或时间的"河流模型"。在中国，长江的文化重要性可能强化了将时间视为垂直的偏好，如示例（4.15）和（4.16）所示，空间词"上"（意为高处）被比喻为"更早的时间/过去"。海拔和过去时间之间的相关性允许源域"高处"或"高"被映射到目标域"早期时间"或"过去"中。概念映射"高处就是早期时间"或"高处就是过去"允许说话者从意思是"高位置/高"的源域中寻找意思是"更早的时间/过去"的目标域。

也有人认为，空间词"上"在上古汉语中通过隐喻获得了它的隐喻意义"更早的时间/过去"，但没有涉及邀请推理，因为在"高地/高"和"更早的时间/过去"中，这两种用法之间缺乏模糊的上下文。较早的时间不可能在物理上位于较高的位置，并且较高的位置不可能推导出较早时间这一推断。因此，"上"的明显意义"更早/过去"是隐喻作用的结果。

（4.15）我祖厎遂陈于上（早期上古汉语：《尚书》）。

（4.16）盖上世尝有不葬其亲者（晚期上古汉语：《孟子》）。

（二）基于语用推理的"上"语义扩展

上古汉语中对"上"的一种独特含义只能通过邀请推理来解释。可以看出，"上"和"下"作为一个单位一起使用，如示例（4.17）和（4.18）所示。（4.17）中的"上下"表示"处于高低处所有地方"。因此，早期上古汉语中的"上"既可以指中心空间意义"高处"，又可以指所推论的"天堂/天"意义，如示例（4.17）所示。正如后期上古汉语中的例子（4.18）所证明的那样，"天堂/天"的"上"意义后来变得普遍化和词汇化。（4.18）中的用法只有在扩展意义"天堂"作为"上"的词汇多义词时才有意义，因为这句话描述了一个人冒犯天地的意思。然而，需要注意的是，空间词"上"不是被单独使用，而是在与"下"一起出现来表达一个完整的垂直概念时，才表达"天堂/天"的意思。

（4.17）光被四表，格于上下（早期上古汉语：《尚书》）。

（4.18）未知得罪于上下（晚期上古汉语：《墨子》）。

六、上古汉语晚期中"上"的新语法功能

在我们的数据中发现，在早期上古汉语中，"上"只表示运动的方向，而（SUB 上 $_{移动}$ 动词）构式中的动词表示运动。例如，（4.19）中的"上"所表达的副词意思是"向着高处"。在上古汉语晚期，我们发现"上"被用作动词来表示向上运动的实例。接下来，我们将讨论导致"上"在上古汉语晚期获得动词性功能的可能因素。

首先，上古汉语晚期中使动动词的发展推动了"上"动词功能的产生。在（4.20）中，"上"被用作使动动词，意思是"使某物移动到高/更高的位置"。换言之，（4.20）中的动词"上"表达了

一种"动作"关系，正如 Y. Shi（2002，第 46 页）所述，使用单个单词作为工具表达"使某物产生某种结果"的意思，在古汉语和中古汉语（即古汉语和中世纪汉语）中很常见，其被认为是形态上的因果关系。当"上"这个词用来表示"因果"关系时，它获得了一个新的语法功能，那就是动词。

（4.19）两服上襄（早期上古汉语：《诗经》）。

（4.20）令一人下上之（晚期上古汉语：《墨子》）。

其次，"上"从（SUB 上$_{移动}$ 动词）构式中获得运动意义（将在后面章节讨论）。当强调向上移动的过程时，"上"可以表示"移动到高/更高的位置"，如示例（4.21）所示。当突出显示向上移动的结果时，"上"可以指"移动并到达高/更高的位置"，如示例（4.22）所示。

（4.21）短轻者上（上古汉语晚期：《墨子》）。

（4.22）争上吾城（上古汉语晚期：《墨子》）。

事实证明，"上"在上古汉语晚期获得了新的语法（或语言）功能，来满足特定的交际需求。"上"的意义是"使某物移动到高或更高的位置"，这一因果动词功能首次出现是因为需要表达"因果关系"。此外，语言使用者需要强调向上运动的过程和结果，因此出现了"上"的两种动词用法。

七、上古汉语中"上"的含义

如上述讨论所示，空间词"上"在早期上古汉语中被称为"高处""高"和"朝向高处"。然后，它在上古汉语晚期中获得了八个不同的含义，分别是"高级官员""好/最好""更多""更早的时间/过去""天堂/天空""使物体移动到更高的位置""移动到高/更高的位置"和"移动并到达高或更高的位置"。空间词"上"这些不同意义的推动因素包括概念隐喻、邀请推理、构式意义和动词功能的发展。

第四节　中古汉语中"上"在语义网络中的不同意义

我们发现，中古汉语中与"上"相关的新的意义有六种，分别是"向高级/高级官员提供东西""得到更多""提高/变得更好""内部空间""范围"和"顶面"。前三种意义与概念隐喻有关，其他意义是通过采用各种推理策略在线产生的，包括我们对现实世界力量动态学和类型扩展的了解。接下来，我们将首先讨论涉及隐喻扩展的变化，然后我们将介绍中古汉语中基于语用推理的变化。

一、中古汉语中"上"涉及隐喻的语义扩展

（a）独特的意义"向高级官员提供东西"

在中古汉语中，"上"具有"向高级（或更高）级别的官员提供某物"的独特含义，如示例（4.23）和（4.24）所示，出现这种用法是因为概念隐喻"高地位就是上"。如前面章节里所描述的，在上古汉语晚期中，"上"有了"使某物移动到高（或更高）位置"的含义。由于"高地位就是上"这一隐喻，说话者根据源域"高位置"来理解目标域"高级官员"。因此，向高级官员提供某物的过程被概念化为将某物移至高级位置的过程。隐喻思维的方式允许说

话者从源域意思"使某物移动到高（或更高）位置"中寻找目标域意思"向高（或更高）级别的官员提供某物"。然而，在中国古代（甚至在某些现在的情况下），当人们向上级提供一些东西，如礼物、请愿书或官方印章时，他们通常向上级举起这些物品来恭敬地展示这些物品，这意味着这些交给上级的物品可以被移动到更高的地方。因此，"呈献给高级官员"的意思可能是一种语用推理，是在描述举起物品并让其向上级移动的情况下出现的。例如，（4.23）中的扇子、（4.24）中的酒和（4.25）中的印章和丝带都可以被移到高层，这意味着"上"在这种情况下表示的含义是不明确的。因此，"向高级（或更高）级别的官员提供某物"的意义也可能作为推理出现。也就是说，隐喻和邀请推理都可以解释"向高级（或更高）官员提供某物"的含义。

（4.23）以毛扇上武帝（早期中古汉语：《世说新语》）。

（4.24）上汝一杯酒（早期中古汉语：《世说新语》）。

（4.25）上印首（晚期中古汉语：《梦溪笔谈》）。

（b）独特的意义"改进/变得更好"

"上"在中古汉语中有另一种独特的含义，它源自隐喻"高地位就是上"，前面一节已述，"上"在晚期上古汉语中具有"搬到高或更高位置"的动词意义。中古汉语中，有"上"意为"改进"的实例，如示例（4.26）和（4.27）所示。这种扩展意义的出现源于前面小节中讨论过的隐喻"好就是上"。良好或更好的质量被理解为位于较高或更高的位置，因此"变得更好或改进"的抽象过程被概念化为与"移至更高位置"的物理过程相同。因此，当说话者从源域的意思"搬到更高的位置"中提取出目标域的意思"变得更好或改进"时，"上"就获得了"变得更好或改进"的隐喻意义。我们应该指出的是"搬到更高的位置"和"变得更好或改进"这两种用法之间没有模糊的上下文。某物变好并不意味着它应该移到更高的位置，移到更高位置的情况不能推导出变好这一推断。因此，"上"有明显的"变得更好/改善"之意，这必定是隐喻的结果。

（4.26）日化上而迁善（前期中古汉语：《淮南子》）。

（4.27）风气日上（早期中古汉语：《世说新语》）。

（c）独特的意义"获得更多的数量"

"上"的扩展意义"达到更多的数量"通过隐喻"多就是上"（已在前面小节中讨论）与"上"相关联。如前所述，"上"具有"移动并到达高/更高的位置"的空间含义。由于隐喻"多就是向上"，"达到更多的数量"的抽象过程被概念化为与"移动并到达高/更高位置"的物理过程相同。因此，当说话者从源域意思"移动并到达高/更高的位置"中寻找到目标域意思"达到更多的数量"时，"上"就获得了隐喻意义"达到更多的数量"，如示例（4.28）所示。我们在数据中找不到"上"的"移动到高处"和"达到一定数量"两种用法之间的上下文歧义，"得到更多"的意义可能来自推论。让我们想想容器中不断上升的水，我们看到水一旦移动并到达更高的水平，它就会变得更多，这是正常的现象。因此，在这种情况下，说话人可能会用"上"来形容水量较多的情况。也就是说，当向上移动和获得更多数量两种情况同时出现时，我们可以推论得出"获得更多数量"的扩展含义。因此，"上"可以从隐喻和受邀推理中衍生出明显的"获得更多"的意义。

（4.28）直上百万数（早期中古汉语：《世说新语》）。

二、中古汉语中基于推理的"上"的意义变化

我们发现中古汉语中"区域""顶面"和"内部空间"三个扩展含义与"上"有关。这三个含义源于基于邀请推理的"上"的"高处"基本含义。然而，正如下面所讨论的，第三个含义"内部空间"并没有成为"上"的编码含义，因为它强烈依赖特定的上下文。在介绍"上"的这三种用法之前，我们先讨论一下语言使用者如何概念化空间和空间关系，以及这种概念方式如何影响"上"这样的空间词语的意义。

正如 Talmy（2000b）所指出的，欧几里得几何的原理在概念结构层面并不成立，这意味着概念化的空间和空间关系并不总是反映固定的距离、数量、大小、轮廓、角度等。相反，概念化的空间和空间关系本质上是拓扑的，也就是说，它们"涉及相对的关系而不是绝对固定的数量"。换句话说，与空间场景相关的射体—界标配置可以在概念上失真，而空间词汇的基本意义所表示的空间关系不会改变。例如，"上"的主要含义是"高处"，表示射体位于界标高处的空间关系。然而，说话者可能会在某些使用事件中在概念上扭曲"上"的射体和界标之间的关系，来对这个词进行新的解释。"上"的三个新用法，即"区域""顶面"和"内部空间"，使与"上"原始场景相关的射体—界标配置已经被扭曲。我们通过下面的一些例子更详细地说明这个过程。

此外，许多学者已经观察到通过频繁使用，从经验中得出的推论通常可以与具有含义的词汇形式相关联。这个过程可以在语义变化中看到，其中在"动态"上下文中出现的含义（或邀请推理）可

能通过频繁地在上下文中被使用和在社区中被偏好而成为首选含义（或广义邀请推理），当它所衍生的原始意义变成仅仅是一个痕迹时，意义可能被语义化为一个新的多义词或编码意义。举个例子，我们来看看"上"是如何在中古汉语中获得"一个区域""一个顶面""内部空间"这些新含义的。

（a）"上"具有独特的"区域"意义

示例（4.29）到（4.32）展示了基于推理的"上"的语义扩展，从含义"高处"到"区域"。词语"上"意为"高处"，当与其他词语如在（4.29）和（4.30）句子中的"天空"和"河流"等一起使用时，它获得了"区域"这一推理义。这是因为"天空的高处"或"河流的高处"包含天空或河流的区域。一个区域被定义为由"一组相互关联的实体"组成，其中涉及无限边界。由于"上"的界标涉及区域，示例（4.29）和（4.30）中中的"上"的射体和界标配置已经被扭曲，其中射体被概念化为位于界标的区域。所以，邀请推理"区域"出现在使用"上"的上下文中，并通过频繁在上下文中被使用与"上"相关联。例如，示例（4.30）被认为是在雄河地区（即界标）被杀。"上"是指"高处"这一基本含义还是所推论的"地区"含义，这是模棱两可的。随着时间的推移，"上"在（4.29）和（4.30）中允许推理模式在整个语言社区中被传播，导致广义邀请推理。广义推理意义"一个地区"最终被词汇化为"上"的多义词。可以看出，"一个区域"的广义推理在中古汉语中变成了一种明显的"上"的意义。如示例（4.31）和（4.32）所示，"上"与指示未指定位置的词一起用于描述淮地区和道路。在例子（4.31）和（4.32）中，我们很难判定"上"扩展含义为"区域"起源的最初含义"高处"。此外，我们已经发现更多代表地点的词可以与"上"一起使用来描述一个地点的区域，这意味着"区域"的扩展含义是与上下文无关的。比如，在没有提到"上"出现的具体语境中，母语人士也会知道"街上"表示街道的区域。因此，我们可以说广义推理意义"区域"已经成为"上"的编码含义。

（4.29）放乎九天之上（中古汉语前期：《淮南子》）。

（4.30）杀九婴于凶水之上（中古汉语前期：《淮南子》）。

（4.31）客问淮上利害（早期中古汉语：《世说新语》）。

（4.32）令婢路上担粪（早期中古汉语：《世说新语》）。

（b）"上"独特的意义"顶面"

（4.33）到（4.36）表明"上"的语义从"高处"到"顶面"的变化。通常，物体的顶面在概念上是突出的，可以认为是最高的部分。"上"（高处）一词引申为"顶面"的推论，即事物位于另一事物的最高部分并与之接触。在这里，我们在描述"上"的射体和界标之间的空间关系时应用了我们的动力学知识。例如，在解释（4.33）和（4.34）等句子时，对话者知道大多数实体不能飘浮在半空中，除非他们拥有这样做的手段或能力。关于"祭坛"和"谷物"的一般知识包括它们不能悬停在"山"和"石头"之上。所以，示例（4.33）和（4.34）中的"祭坛"和"谷物"（即射体）位于"泰山"和"石头"（即界标）的高处并与之接触。界标的最高部分或顶面被突出显示，因此"上"的射体—界标之间的配置已经被扭曲，其中"上"在这种情况下涉及在界标顶面上与射体的关系。因此，邀请推理"顶面"出现在使用"上"的句子中，并通过频繁地在上下文中被使用与"上"相关联。说话者对"上"的解释是（即"物体的高处"或"物体的顶面"）是模棱两可的。事实上，说话者可能是为了让听话者理解这两种含义。随着时间的推移，在（4.33）和（4.34）等上下文中频繁使用"上"允许推理意义"顶面"在整个语言社区中蔓延，导致广义邀请推理，这最终可以成为一种编码意义。示例（4.35）和（4.36）有明确的上下文，其中"上"的意思是"顶面"。换言之，示例（4.35）和（4.36）中，"上"描述"膝高位"或"碑背高位"，这在语义上是异常的。可以看出，推导意义"顶面"中的主要含义"高处"已在示例（4.35）和（4.36）中变得模糊。此外，我们已经发现现代汉语中更多的词可以与"上"一起使用来描述物体的顶面，这意味着"顶面"的扩展含义是与上下文无关的。例如，在不提及"上"的句子上下文的情况下，母语人士通常会赞同"墙上"和"纸上"表示的是墙壁和纸的顶面。所以，可以说，"顶面"的广义邀请推理意义已经成为一种独特的"上"的意义。

（4.33）泰山之上有七十坛（中古汉语前期：《淮南子》）。

（4.34）石上不生五谷（中古汉语前期：《淮南子》）。

（4.35）虽长大，犹抱置膝上（早期中古汉语：《世说新语》）。

（4.36）碑背上见题作（早期中古汉语：《世说新语》）。

（c）"上"广义邀请推理意义"一个内部空间"

我们还发现空间词"上"在中古汉语前期基于推理表示"内部空间"这一含义。"上"（高位置）一词与"大堂"或"汽车"等词一起使用时，会引出'内部空间'的语义推论，如示例（4.37）和（4.38）所示。这类词代表"上"的界标，被概念化为包含大的内部空间。由于"上"的界标涉及内部空间，"上"的射体—界标配置在（4.37）和（4.38）等上下文中已被扭曲，其中射体可以被概念化为位于界标的内部空间。因此，使用"上"的句子中出现了一个邀请推理意义"一个内部空间"，并通过在上下文中被重复使用与"上"相关联。例如，在示例（4.37）和（4.38）中，射体可以被概念化为在界标中。所以，"计划"（即射体）在示例（4.37）中的"朝廷高处"或"朝廷内部空间"被讨论。我们无法判断示例（4.38）中的物体（即射体）是放在"汽车的高处"还是"汽车的内部空间"。因此，在示例（4.37）和（4.38）中，我们不确定"上"表示中心意思"高处"还是推论意思"内部空间"。示例（4.39）代表了一个明确的例子，其中"上"指的是"内部空间"。这是因为我们知道界标"巢"通常围绕并支撑着射体"婴儿"。随着时间的推移，频繁使用"上"的语境允许推理意义"内部空间"在整个语言社区中蔓延，导致广义邀请推理意义。然而，我们需要注意的是，"一个内在空间"的推论意义并没有成为"上"的编码含义。这是因为"上"在与指代车辆的词一起使用时倾向表示"内部空间"。例如，"上"与"汽车"或"船"等词一起使用时表示"内部空间"，如示例（4.40）和（4.41）所示。这意味着"上"的"一个内部空间"的特殊含义在很大程度上取决于它所出现的语境。

（4.37）故运筹于庙堂之上（中古汉语前期：《淮南子》）。

（4.38）拖于车上（中古汉语前期：《淮南子》）。

（4.39）拖婴儿于巢上（中古汉语前期：《淮南子》）。

（4.40）夫在车上（早期中古汉语：《世说新语》）。

（4.41）举船上咸失色分散（早期中古汉语：《世说新语》）。

三、中古汉语中"上"的动词补语功能

前面章节已述，在晚期上古汉语中，"上"可以用作使动动词，表示"使某物移动到高/更高的位置"的意思。例如，"上"在示例（4.42）中用作使动动词。然而，需要注意的是，示例（4.42）中的"上"跟在另一个动词"推"之后，出现在［动词₁连接词 动词₂宾语］的构式中。示例（4.42）中的两个动词共享同一个宾语（由代词"之"表示）。因此，构式可以分解为［动词₁宾语 连接词 动词₂宾语］。根据 Y Shi（2002，第53页）所述，在公元前700—200年（在早期上古汉语到晚期上古汉语之间），每个与宾语具有"行动—患者"关系的动词的情况都很常见。有人认为，"只有两个（最多四个）及物动词可以共享（先于）一个宾语"，如构式［动词₁动词₂宾语］所示，这被称为"动词协调原则"。此外，我们可以看出［动词₁连接词 动词₂宾语］中第一个动词所代表的动作对宾语的影响比第二个动词所代表的动作更有效。例如，与第一个及物动词"推"相比，示例（4.42）中的"上"没有高度的及物性。这是因为使动动词"上"原本是一个不及物动词。正如 Y Shi（2002，第46页）所提到的，一旦不及物动词用作导致形式，它"将以屈折的方式发出信号"并显示出传递特征。因此，示例（4.42）倾向于描述由第一个动词"推"表示的动作所引起的结果。

（4.42）推而上之（晚期上古汉语：《墨子》）。

前面章节中已经指出，连词"而"在动词搭配中随着时间的推移数量稳步下降，我们今天只能在一些固定的表达中找到它。人们认为连词"而"的消失使动词₁和动词₂可以像在［动词₁动词₂宾语］

中那样彼此相邻出现，这为动词₂成为动词补语创造了可能性。Bybee（2015，第165页）已经认识到连续动词结构可以产生补语这一事实。此外，还有一个很强的中古汉语双音节化的趋势，在上下文中，经常同时出现的两个单音节词会被复合化。Hopper & Traugott（2003，第49页）认为双音节化的过程会导致词汇化和语法化。此外，正如Givón（1990，第826页）所指出的，"两个事件/状态在语义或语法上整合得越多，编码它们的句子在语法上整合得就越多"。因此，我们可以相信，由于［动词₁动词₂宾语］中的动词₁和动词₂经常一起出现，它们可以在句法上进行整合，从而使第二个动词经历语法化。例如，示例（4.43）所示，第一个动词"卷"表示的动作通过"引起—结果"关系与"上"表示的动作相关联。可以看出，"卷"和"上"所代表的两个事件在语义上是高度融合的，"上"可以反映第一个动作引起的结果（即使窗帘向上移动的结果）。因此，"上"在频繁跟随表示移动的动词后，经历了语法化，获得了动词补语的语法功能，表示"使某物移动到高或更高位置的结果"。

（4.43）卷上珠帘（后期中古汉语：《唐诗三百首》）。

四、"上"在中古汉语中的副词和形容词功能

我们发现，"上"在上古汉语后期获得了动词功能并表示向高处或更高位置的真实运动，因此少数用作副词在中古汉语前期表示向高位置的方向。示例（4.44）中的"上"意为"向高或者更高部分"，这一状语功能在早期中古汉语后逐渐消失。有一部分原因是，"上"的原始副词功能被组合到一起的副词意思"往"和"上"取

代，如示例（4.45）所示。另一个可能的原因是某些"上"+动词组合成为复合词，其中"上"的副词功能变为未指定，如示例（4.46）所示。

（4.44）下水上腾（早期中古汉语：《淮南子》）。

（4.45）往上扔（当代汉语：《老残游记》）。

（4.46）价格上升（《现代汉语》）。

前面章节已述，"上"也可用作上古汉语前期中"高"的形容词。例如，示例（4.47）所示，"上"描述了"高处的风"。从概念上讲，我们将整个区域或对象划分为包含高低部分。因此，我们所说的"高位"是相对于我们所理解的"低位"而言的，也就是说，在示例（4.47）等例子中，有时分上下部分，并没有绝对的标准。形容词"上"出现在中古汉语中，用于描述"物体的高处"，如示例（4.48）所示。此外，当用作形容词时，"上"在上古汉语中具有"好/最好"的扩展含义，这是由于前面章节中讨论的概念隐喻"好就是上"。（见示例4.49）。如示例（4.50）所示，我们在中古汉语中仍然可以找到"上"的这种用法，意思是"好/最好"。

（4.47）火发上风（上古汉语早期：《孙子兵法》）。

（4.48）开上齿（中古汉语晚期：《梦溪笔谈》）。

（4.49）正月上日（早期上古汉语：《书经》）。

（4.50）唯芽长为上品（中古汉语晚期：《梦溪笔谈》）。

五、"上"在中古汉语中的创新意义

上面已经讨论，空间词"上"在中古汉语中获得了六种创新意义，分别是"献给高级官员""提高""获得更多的数量""地区"

"顶级""表面"和"内部空间"。前三个扩展意义基于概念隐喻与"上"相关，后三个通过邀请推理与"上"相关。然而，"内部空间"的意义并没有成为编码的意义或独特的"上"的意义，因为它依赖特定的语境。此外，由于在连环动词构式中经常跟在动词之后，中古汉语中的"上"获得了动词补语的新语法功能，表示"使事物移动到高/更高位置的结果"。

　　本章讨论创新意义或语法功能如何与上古汉语和中古汉语中的空间词"上"相关联。研究发现，"上"的新用法经常通过概念隐喻和邀请推理出现。此外，要使"上"的新用法被视为一种独特的意义，它必须包含非空间意义（即隐喻意义），并且这一意义必须与上下文无关。最后，只有通过重复使用的语境，特定语境中产生的邀请推理才能成为"上"意义的一部分。

第五章

空间词"上"在当代及现代汉语中的语义

在前一章中，我们讨论了上古汉语和中古汉语中与方位词"上"相关的扩展含义。我们已经表明各种不同的意义都是从"上"的主要意义中以基于隐喻和推理的原则方式衍生出来的。可见，隐喻在空间词的扩展意义的早期阶段是活跃的，并有助于空间词扩展意义的产生，而邀请推理可能会在其整个发展过程中对词语的意义产生影响。通过重复使用上下文，在特定上下文中出现的邀请推理可能会被社区中的大多数语言使用者所接受，并成为广义邀请推理。但是，广义推理义可能会被取消，并且可能不会变成一个词的多义词。在本章中，我们将展示当代和现代汉语中与"上"相关的创新含义。研究发现随着"上"在更多不同的语境中被使用，"上"的含义往往变得更加抽象，与邀请推理相比，隐喻在当代和现代汉语中似乎对"上"的含义的影响显得较小。

第一节 从词汇到语法意义

在说明当代和现代汉语中"上"的不同意义之前，我们将首先讨论一般语义变化的趋势或路径，并展示导致词汇项更具图式或语法意义的动机。人们发现，在意义变化的过程中，处所词会经历语法化，逐渐失去其词汇特征。例如，当跟随名词时，"上"的含义变得模糊，从表示上古汉语中的精确位置到描述中古汉语中未区分的位置。例子（5.1）和（5.2）展示了名词后面的"上"从上古汉语到中古汉语的语义变化。

（5.1）王坐于堂上（晚期上古汉语：《孟子》）。

（5.2）虽长大，犹抱置膝上（中古汉语前期：《世说新语》）。

事实上，在理解语法化中特定含义的丢失方面，我们已经取得了相当大的进展。首先，人们已经认识到意义倾向从具体转向抽象，而不是相反的。例如，物理领域中的视觉动词在心理领域发展出抽象的心理活动，就像使用动词 see 来表示"知道/理解"一样。此外，语法项的演变表现为特异性的丧失，导致其适用于更广泛的上下文。例如，与示例（5.3 a）中 may 的道义用法相比，当示例（5.3 b）所示的 may 的认知使用方式发展时，出现在主语是有生命的和表达故意的句子中的限制就消失了，并且我们可以看到 may 的认知意义比道义意义更普遍。

（5.3）a. may 的道义使用方式

The student may check books out of the library at any time.

（允许）

b. may 的认知使用方式

The storm may clear by tomorrow.（可能）

　　此外，Traugott 观察到意义倾向从描绘"命题"转向"文本"和"表达"情境，这表明意义有从描述物理和社会世界到反映说话者对命题的主观信念或态度转移的普遍趋势。例如，while 在古英语中的本义是"at the time that"，它发展出中古英语中的"during"和现代英语中的"although"的意义。根据 Traugott 的说法，"at the time that"描述了一种可以被视为"命题"的时间状态；"during"代表一种有凝聚力的时间关系，可以将两个事件或两个从句联系起来，因此它既具有文本功能，又具有时间功能；让步意义上的"although"主要用于表达说话者的态度。在任何一种语法标记的发展中，我们极不可能看到表达 > 文本 > 命题的反向变化。因此，如前面的讨论所示，当一个元素变得语法化时，它会经历意义的变化而不是变得毫无意义。那么，我们应该问的问题是语法意义是如何产生的。人们已经认识到隐喻扩展和语用推理都激发了词汇项的语法功能，其中隐喻强调从一个语义域到另一个语义域的映射，而语用推理强调演讲者在互动中进行战略谈判的尝试。然而，正如 Traugott 所论证的那样；Traugott & Dasher（2002）提出与隐喻相比，语用推理充分说明了词汇项目更抽象和主观的含义。在接下来的讨论中，我们将展示语用推理如何对当代和现代汉语中的"上"更抽象或主观的含义产生影响。

第二节 当代汉语中"上"的独特意义

我们发现现代汉语中"上"有五种新含义，其中三种具有语言功能，另外两种用作动词补语来指示结果状态。"上"的三个词义是"去""登上"和"依附"，两个结果义是"到达目的地的结果"和"联系的结果"。这五种延伸意义是语用推理的结果，因为说话者倾向使用"上"来表达更抽象和主观的想法。

一、"上"独特的意义"去/前往"

在上古汉语和中古汉语中，"上"的意思是"移动到高/更高的位置"，如例子（5.4）所示。当以名词表示地点出现时，"上"引起了"去"这一推论意义。这是因为说话者认为，向高处移动的最终目标是到达该位置。例如，在示例（5.5）中，"上"到底是指物理意义"爬到大厅"还是推论意义"去大厅"，这是有歧义的。随着时间的推移，在如（5.5）的上下文中频繁使用"上"允许推理在整个语言社区中蔓延，这导致了广义推理义最终在当代汉语中产生了"上"的编码含义。正如例子（5.6）和（5.7）所证明的那样，"上"的意思是"去"，尽管"上"后面的名词不代表高处。比较示例（5.4）和（5.5）中"上"的用法时，示例（5.6）和（5.7）中几乎无法识别"移动到高或更高位置"的旧含义。"去/前往"的独特意义涉及界标和射体的独特空间配置。此外，"去"的扩展意义不依赖特定的上下文，因为该意义出现在与大多数表示位置的词一起使用"上"时。例如，"上"可以与"药房"一起出现，意思是"去药房"，如示例（5.8）所示。由于"上"的这种用法与上下文无关，我们可以说"去"的意思被词汇化为"上"的多义词。如示例（5.8）所示，在现代汉语中，我们仍然可以看到"上"意为"去"的用法。

（5.4）与女上安岭城楼（中古汉语前期：《世说新语》）。

（5.5）重上君子堂（中古汉语后期：《唐诗三百首》）。

（5.6）上哪里去了（当代汉语：《老残游记》）。

（5.7）上街置办行李（当代汉语：《老残游记》）。

（5.8）我上药房买药（现代汉语）。

二、"上"独特的意义"登上"

中古汉语中的动词"上"意义为"移动到高或更高的位置"与表示大型物体的词一起使用时，也引起了"登上"的推论意义。之所以发生这种推论，是因为说话者一般都知道移动到物体的高处的目的是碰到它，该物体可以支撑站立、坐下或躺在上面的人。例如，在示例（5.9）中，"上"是指"爬到床上"还是"上床"的意思，就存在歧义。我们发现通过频繁地使用语境，推理意义"登上"变成了广义推理义，进而成为当代汉语中"上"的编码含义。如示例（5.10）和（5.11）所示，"上"与"车"和"舞台"一起使用，表示"上车"和"上台"。示例（5.10）和（5.11）中的"上"没有强调上车或上台的结果，而是强调上车或上台的动作。所以，"上车"的独特意义涉及射体登上车这一独特空间配置。此外，在例子（5.10）和（5.11）使用"上"的上下文中没有提供关于"登上"含义的信息，这意味着"上"的扩展意义（即"登上"）已经成为

"上"的含义。示例（5.12）显示，在现代汉语中，我们仍然可以看到"上"的这种用法，意思是"登上"。

（5.9）杨径上大床（上古汉语前期：《世说新语》）。

（5.10）上了车（当代汉语：《老残游记》）。

（5.11）上场（当代汉语：《老残游记》）。

（5.12）上手术台（现代汉语）

三、"上"独特的意义"附加到"

在中古汉语中，动词"上"（意为移动到高或者更高的位置）引起的另一个推理意义是"附加到"。之所以出现这个推论，是因为说话者知道，在第一个物体（或第一个人）移动到位于相对较高位置的第二个物体后，一个物体（或一个人）可以依附到另一个物体上。例如，示例（5.13）所示，上下文对说话者的意思是"上"的哪个解释是模棱两可的（即"爬到座位"或"附在座位上"）。第一个用法强调向上移动到座位上，而第二个用法强调移动到座位上的结果。随着时间的推移，人们在（5.13）的上下文中重复使用"上"使整个语言社区中的大多数说话者都可以使用推理意义"附加到"，从而导致广义推理含义，最终在当代汉语中产生"上"的多义词。示例（5.14）到（5.15）代表了明确的上下文，其中"上"指的是"附加到"。在（5.14）中，"手铐"连接到"手"上，"门闩"连接到（5.15）中的"门"上。在示例（5.16）中，"上"的意思是"心理上的依恋"或"沉迷于"，表明"上"的含义变得更加抽象，倾向于反映说话者的内心世界。示例（5.14）到（5.16），"上"的"附加到"这一独特含义涉及附加到界标—射体的独特空间配置。此外,"上"所出现的上下文不提供有关"上"的"依附"意义的信息。因此,我们可以说"依附"这个意义被词汇化为"上"的一个编码意义。

（5.13）上座便言（中古汉语前期：《世说新语》）。

（5.14）上手铐（当代汉语：《老残游记》）。

（5.15）把大门上了大栓（当代汉语：《老残游记》）。

（5.16）上瘾（当代汉语：《老残游记》）。

四、"上"独特的意义"到达目的地的结果"

前面章节已述,在中古汉语中,"上"可用作动词补语,表示"移动到高/更高位置的结果"的意思。当跟在表示动作的动词后面时,动词补语"上"推导出"到达目的地的结果"的推论意义。这是因为说话者知道移动到高处可能会带来到达该位置这一结果。示例（5.17）中,"上"到底是指"爬上船的结果"还是推论意义"到达船上的结果",这存在歧义。随着时间的推移,人们在（5.17）的上下文中重复使用"上"使整个语言社区中的大多数说话者都可以共享"到达目的地的结果"这一推理模式,从而导致广义推理义,然后最终形成当代汉语中"上"的多义用法。例如,在例子（5.18）和（5.19）中,与动词"带"和"坐"一起使用,"上"表达了"到达大厅的结果"这一意思。与示例（5.17）中动词"跳"表示向高处运动不同,示例（5.18）和（5.19）中的"带"和"坐"不表示向上运动,这表明动词补语"上"可以语法化并被用作语法标记来描述"到达目的地的结果"。此外,可以看出,"上""到达目的地的结果"这一扩展意义无法从使用它的上下文中被推断出来，因为许多表示运动的动词，如"走""跑"和"抓"都可以和"上"一起出现。也就是说，在描述到达目的地的结果时，与"上"一起使用的动作动词似乎没有限制。因此，"到达目的地的结果"这一独特的意义就成了"上"的编码意义。

（5.17）遂跳上船（中古汉语前期：《世说新语》）。

（5.18）将三人带上堂（当代汉语：《老残游记》）。

（5.19）福星坐上堂（当代汉语：《老残游记》）。

五、"上"独特的意义"接触的结果"

前面章节已述，中古汉语中的"上"可以包含"使某物移动到高/更高位置的结果"的含义。动词补语"上"可以引出"接触的结果"的推论意义。之所以产生这个推论，是因为说话者有一个常识，物体移动到高处可以导致物体相互接触的结果。示例（5.20）中的上下文对解释说话者的意图是含糊不清的，我们无法判断"上"的意思（到底是表示"拉上窗帘的结果"或"使窗帘接触的结果"）。人们在（5.20）的上下文中频繁使用"上"使推理意义能够在整个语言社区中被传播，从而产生广义推理义并最终在当代汉语中产生了"上"的编码含义。例如，"上"在例子（5.21）中描述了"使火与蜡烛接触的结果"，在（5.22）中描述了"使油接触杯子的结果。"与示例（5.20）中动词"卷"仍然表示向更高位置的移动不同，（5.21）中的"点"和（5.22）中的"倒"不代表向上移动，这证明"上"的意义可能会发生变化并语法化。可以看出，示例（5.21）和（5.22）中几乎无法识别出"上"旧的含义"使某物移动到高/更高位置的结果"。此外，由于动词和"上"经常一起出现，动词和"上"可以一起用于修饰名词（见例 5.22），这表明动词和动词补语"上"在语义和句法上都有更强的关联性。此外，示例（5.23）中，当跟在描述心理接触的动词后，如"勾搭"时，当代汉语中的"上"甚至可以用于撰述"心理接触的结果"这一抽象含义。这再次证明"上"的意思已经语法化，并且变得更加抽象了。此外，"上""交往的结果"的外延含义也无法从"上"所出现的上下文中被推断出来。即使不提及周围的上下文，说话者也会感觉到在示例（5.22）中"搭上"的"上"表示使液体与容器接触的结果。因此，"接触的结果"这一独特的意义就成了"上"的编码含义。

（5.20）卷上珠帘（中古汉语晚期：《唐诗三百首》）。

（5.21）点上蜡烛（当代汉语：《老残游记》）。

（5.22）那是新倒上的冷冻油（当代汉语：《老残游记》）。

（5.23）贾大妮子与五儿勾搭上了（当代汉语：《老残游记》）。

六、当代汉语中"上"的形容词功能

前面章节已述，中古汉语中的"上"可以描述对象的较高部分。在当代汉语中，我们仍然可以找到这种表示"高部分"含义的"上"的用法。例如，作为形容词，"上"可以用于描述示例（5.24）中的"上半部分"和示例（5.25）中的"沙发或床的上半部分"。

（5.24）上半截（当代汉语：《老残游记》）。

（5.25）上塌（当代汉语：《老残游记》）。

七、当代汉语中"上"的创新意义

如上所述,空间词"上"在当代汉语中获得了五个创新意义,分别是"去""登上""依附于""到达目的地的结果"和"接触的结果"。这些新颖用法的出现是由于语用推理的加强。总的来说,"上"的含义往往反映了这个阶段说话人的主观信念。此外,研究发现,随着与更多种类的词一起被使用,"上"的含义在当代汉语中变得更加抽象。

第三节 "上"在现代汉语中的用法

空间词"上"同时具有空间意义和非空间意义,空间词"上"在现代汉语中主要有四种语法功能,即后置词、动词、动词补语和形容词。

一、"上"在现代汉语中跟随名词作为后置词

现代汉语中有一种"上"的独特含义,即"抽象区域"。在这种用法中,"上"跟在名词之后表示事件、活动或状态的区域。这个意思是从"上"旧的意思"一个地区"派生出来的。"抽象区域"这个意思经常出现在用"上"描述现代汉语中的活动、事件和心理状态时。这里涉及本体隐喻,其中事件、活动、情感、想法等被概念化为实体。根据 Lakoff & Johnson(2008,第26页)的说法,本体

论隐喻的出现是因为我们为了满足某些目的而在不明确离散或有界的事物上强加人为边界。例如，Lakoff & Johnson 给出的示例（5.26 a-b），价格上涨的经验可以通过名词通货膨胀隐喻地被视为一个实体。这些示例将通货膨胀视为一个实体为我们提供了一种描述经验的方法。

Inflaction is an entity.

（5.26） a. Inflation is lowering our standard of living.

b. If there's much more inflation, we will never survive. We need to combat inflation.

在使用"上"的句子中，事件、活动、情感、思想通过会议、事业、灵魂、心灵、意义、程度等拍象名词被隐喻地视为实体或物质。由于这些经历被视为实体或物质，通过本体论隐喻，说话者可以对它们施加界限。因此，当"上"这个词跟在表示这些体验的名词之后时，它通过限制活动的范围来给它们划界。例如，由于会议的经历和心理活动被视为实体，"上"可以与名词"座谈会"和"心理"一起使用，表示（5.27）中的"会议的区域"和（5.28）中的"思维区域"。由于在现代汉语中经常看到"上"表达"一个抽象区域"的扩展含义，它更有可能被规约化，并成为多义词。此外，即使不提及使用"上"表示"抽象区域"的句子语境，说话者也会知道像"世界上"或"历史上"这样的表达方式表示世界或历史的区域。因此，我们可以说，"抽象区域"这一独特意义是独立于语境的，并已成为"上"的一种编码意义。

（5.27）张强在座谈会上讲话（现代汉语：新闻报道）。

（5.28）问题首先表现在心理上（现代汉语：学术写作）。

此外，我们发现经常跟在"上"后面的名词类型也从上古汉语到现代汉语发生了变化。正如 Hilpert（2012，第 134 页）论证的那样，语法构式的典型搭配反映了它的含义，因此一个语法构式的典型搭配的变化可以表明意义的变化。例如，英语助动词 can 可以用来表示一种心理能力，因此它只与表达人类情感行为的不定式补语一起出现，如 teach、say，或者 agree。随着时间的推移，随着 can 的含义的发展，它出现在更多的搭配用法中。因此，我们可以认为"上"的新搭配的出现也可以表明"上"的语义变化。我们发现，常与"上"一起出现的名词类型经历了由前上古汉语、上古汉语晚期、前中古汉语中的地名名词（见例 5.29），到中古汉语早期、当代汉语中的物质名词（见例 5.30），到现代汉语中的抽象名词（参见示例 5.31）的变化。这再次证明"上"作为后置词的意义已经从表示高处转变为表示顶面、区域和抽象区域。

"上"跟在一个地方名词后，意思是"高处"：

（5.29）在宋城上待楚寇（上古汉语晚期：《墨子》）。

"上"跟在实体名词后面，意思是"顶面"：

（5.30）鼓上放了两个铁片（当代汉语：《老残游记》）。

"上"跟在一个抽象名词后，意思是"抽象范围"：

（5.31）把钱花在养殖业上（现代汉语）。

我们需要注意的是，现代汉语中名词后面"上"的含义通常会变得更加抽象，但"上"在不同类型的体裁中往往会遵循特定类型的名词。我们发现"上"的大部分实例在学术著作（54.81%）和报告文学（48.28%）中都与抽象名词一起使用。在言情故事（42.86%）和一般小说（39.08%）中，"上"经常与实体名词一起使用。"上"在科幻小说中通常与地点名词一起出现（42.02%）。此外，活动名词在报告文学中更常与"上"一起使用（26.73%），身体部位名词在浪漫故事中更常与"上"一起出现（14.29%）。例子（5.32）至（5.37）显示了现代汉语"上"与五种体裁中不同类型名词的使用实例。

"上"在学术写作类文章中跟随拍象名词：

（5.32）在某种程度上激发了人们的热情（现代汉语）。

"上"在新闻报告类文章中跟随抽象名词：

（5.33）历史上具有重大意义的一年（现代汉语）。

"上"在一般小说中跟随实体名词：

（5.34）印在信纸上的一句英语（现代汉语）。

"上"在科幻小说中跟随一个地方名词：

（5.35）降落在没有生命的地球上（现代汉语）。

"上"在新闻报告中跟随一个活动名词：

（5.36）在新闻发布会上未做评判（现代汉语）。

"上"在浪漫故事中跟随身体部位名词：

（5.37）依偎在他的肩膀上（现代汉语）。

可以看出，当跟在名词后面时，"上"在不同类型的体裁中发挥着不同的话语功能。示例（5.32）和（5.33）显示，"上"在学术著作和报告类文学中与抽象名词连用，表示"程度"和"历史"等抽象方面的区域。"上"在一般小说中与实体名词一起出现，来描述物体的顶面，如示例（5.34）所示；"上"在科幻小说中跟在地点名词之后，表示某物所在的区域，如示例（5.35）所示；"上"在报告文学中与活动名词一起出现来表示事件或活动的区域，如示例（5.36）所示；"上"在浪漫故事中与身体部位名词一起使用，来描述身体部位的顶面，如示例（5.37）所示。

二、现代汉语中"上"的其他语法功能

当现代汉语中的"上"具有动词和动词补语的语法功能时，我们发现有更多的抽象含义与"上"相关联。这些含义出现在"上"在各种上下文中与更多种类的词一起使用来表示抽象概念或主观信念时。例如，动词"上"在（5.38）中与"层次"一起使用，表示"移动到更高的心理层次"的情况，动词补语"上"在（5.39）中与动词"跟"一起出现来表达"抽象概念接触的结果"这一意思。由于"上"的这些抽象用法强烈依赖"上"所出现的上下文，它们并没有成为"上"含义的一部分。也就是说，"移动到更高的心理水平"之类的含义取决于上下文，并且仅在与表示像"心理水平"这样的词一起使用时才会出现。前面章节中已述，"上"在上古汉语早期可以表示过去的时间。示例（5.40）和（5.41）中"上"在现代汉语中仍然用作形容词。

（5.38）带领人们上层次（现代汉语：学术写作）。

（5.39）文化生活跟上了（现代汉语：小说）。

（5.40）上世纪（现代汉语：新闻报告）。

（5.41）我上星期二才申请入会（现代汉语：小说）。

三、现代汉语中"上"的创新意义

上述讨论所示，空间词"上"在现代汉语中获得了一个创新的含义"一个抽象的区域"。这个意思的产生是因为"上"通常与表示活动、事件和心理状态的名词一起使用。在现代汉语中，"上"仍然表达了"高处"或"地区"这类较旧（或物理性的）含义，但与其他类型的文章相比，"上"的空间含义经常出现在科幻小说中。一般来说，在各种语境中与更多种类的词一起使用，"上"的意义会变得更加抽象。

四、小结

本章讨论当代汉语和现代汉语中"上"的不同含义。相较于上古汉语早期和中古汉语"上"的用法，"上"的含义变得更加抽象，往往涉及说话人的主观信念。此外，正如我们前面讨论所显示的，在当代汉语和现代汉语中，隐喻跟语用推理相比，隐喻对"上"的语法意义所起的作用更小。

第六章

包括空间词"上"的短语构式网络

在前面的章节中，我们已经展示了与汉语不同时期的"上"相关的外延意义。研究表明概念隐喻和语用推理都对拓展"上"的各种含义做出了贡献。在本章中，我们将详细阐述基于用法的语言变化方法，并论证语言是构式之间关系网络的这一观点。我们将特别说明网络在解释包含"上"的构式发展中的重要意义，并说明构式网络如何增长和收缩。

第一节　基于使用的语言变化方法

一种基于使用的模型，Traugott & Trousdale（2013）提出了研究语言变化的构式方法，该方法强调了知识和使用的重要性。在基于使用的语言变化模型中，知识被视为"创新出现的基础"。知识可能包含个体知识（个体思想的反映）、社区知识（特定时间点汉语结构的表征）和语言知识（话语的常规用法）。Traugott & Trousdale

（2013，第 48 页）提到的"emerge"（或"emerging"）一词的意思是"在使用现有结构和规范的基础上产生"。因此，人们认为说话者使用现有资源（心理处理和常规理解）来创造新颖的表达方式。然而，Traugott & Trousdale（2013，第 46 页）提出"创新可能是特定讲话者或听话者的一次性或特质行为"，这不是"在普遍人口水平上达到的变化"。只有当"对意义或形式的变更在可以经证实的数据中被复制"时，我们才能说"所研究的创新意义已被社交网络中的其他说话者采用"。换句话说，我们有必要识别语言使用者之间约定俗成的"变化"。如后续章节所示，创新首先表现为网络中的微小变化，它们涉及网络节点特征之间的新连接，但网络中没有新节点（后面会进一步讨论）。当创新用法频繁发生并被社区中的大多数语言使用者所采用时，它们就会成为常规用法，并可以进一步塑造知识（或图式）。在这个时候，网络中出现了一个新的节点（一个新的构式）。

　　在下一小节中，我们将简要提到基于使用模型的两个重要问题：（a）一个单元的存储和确立；（b）图式一旦建立，将制裁新的构式元素和构式。然后，我们将介绍 Traugott & Trousdale 所分类的两种类型的变化：构式变化和构式化。

一、一个单元的存储和确立

　　基于使用的模型包含这样一种想法，即构式是根深蒂固的存储单元。正如 Langacker 所描述的，一个单元是"一个说话者已经非常彻底地掌握的结构，在某种程度上，他可以以一种很大程度上自动的方式使用它，而不必将他的注意力专门集中在它的各个部分或对它们的安排上"。也就是说，其内部结构复杂，一旦一个结构通过重复被操纵为"预先包装好的"组合，它就获得了一个单元的地位，并"构成了一个经过充分排练、完全熟悉的例程"。例如，经常遇到和使用复数形式的英语单词 glasses，它可能已经作为一个单元变得根深蒂固，并且人们不再需要过多的努力来理解这个构式的各个部分，即 glass 是由单一形式 glass 和后缀 es 组合而成的。应该指出的是，Langacker 的"一个单元"的意义包括一个既定的概念、一个熟悉的声音以及语义和语音结构之间的符号式关联。尽管如此，Traugott & Trousdale（2013）引用 Goldberg（2006）和 Croft（2001）的观点，将一个单元（或一个构式）视为意义和形式的约定俗成的集合，其中一个意义包含语义、语用学和话语功能，一个形式包括句法、形态和音韵。它们虽然侧重不同的方面，但支持基于用法模型的研究人员都赞成一个共同点，即在语言使用过程中通过抽象出共性而形成一个单位，并且在各种上下文中重复使用的话语更容易变得根深蒂固或被存储为一个单元。在本章中，我们将在构式层面上考察语言变化，而不是仅仅观察单一空间语素"上"，我们将依赖 Traugott 和 Trousdale 对构式的看法。

为了理解构式化的特征（创建一个新节点或构式），我们必须知道一个构式是如何在不同时期的实际使用事件中来体现并获得其单元状态的。首先，语言系统是通过从相似使用实例的重复中逐渐抽象出更一般的表征（例如，音素、语素和句法模式）而形成的。例如，名词复数的知识是通过在各种使用上下文中抽象出特定实例（如 beads，eyes 或 dogs）的共性来建立的。其次，经常遇到和使用特定形式会增加它作为一个根深蒂固单位的可能性。例如，经常出现的不规则形态形式，如 was、had、knew 和 kept 获得了它们的单元状态并且抗拒变化，但是较低频率形式的过去式如 leapt 已经从 leapt 变化为 leaped。

二、图式批准新构式

在基于共时语言使用的研究中，为概念化寻找合适的语言表达的任务被称为编码问题，并且该解决方案称为目标结构，它不是由语言的语法直接规定的用法，而是为适应特定环境而形成的。当目标结构与语法中的常规单元一致时，我们可以说它或多或少受到了更一般的单元或模式的"批准"。因此，通过频繁使用，创新的用法或构式可能会受到现存模式的允许。例如，19 世纪初之前的构式 a lot of 可以被理解为部分或量词，但直到 18 世纪后期，当这种用法的例子开始激增时，它才可能被常规化为量词。由于 a lot of 开始被用作量词，它得到了现存量词图式的认可，该模式已经拥有像 a deal of、much、many、few 和 a little 这样的成员。在批准了更多新的微观构式，如 a lot of 和 lots of 之后，量词图式得到了进一步发展。

Langacker（1987）区分了两种批准，即完全批准和部分批准，大致对应实例化和扩展。由于批准被认为是一种分类方式，它涉及一个程度问题，并受语言使用者的判断影响。完全批准/实例化发生在"目标与批准单元兼容，因此目标被判定为它所定义类别的正常实例"的情况下；部分批准/扩展发生在"当批准结构和目标结构的规范之间存在一些冲突时"的情况下。此外，部分批准代表以原型实例定义类别的情况，因此被判断为原型的扩展。然而，由于通常在语言使用中可以容忍"相当多的非常规"，这两种类型的分类密切相关，它们之间"没有特定的分界点"。

着眼于形式和意义，Traugott & Trousdale（2013，第 16 页）提出了一组用于描述和分析构式变化的最小构式水平，其中包括图式、子图式和微观构式。他们也认识到这些类别之间没有绝对的区别，它们之间的关系可能会随着时间的推移而发生变化。根据 Traugott & Trousdale 的说法，在每个使用事件中，微构式都由"构式元素"实现，"构式元素"是"在特定场合使用的实例"。充当特定的交际角色，构式元素由特定的说话者（或由特定的作者）说出，并且它们被注入了大量的语境或语用意义，如果与特定的言语事件分开，其中大部分可能无法被理解。Traugott & Trousdale 提出，创新微型构式的构式化（或约定俗成）的一个必要步骤是"当部分批准导致不匹配时"。也就是说，首先，新的微观构式与其所基于的图式之间必须存在一些冲突。在网络中，创建新的微构式节点后，构式可能会被完全批准。此外，正如 Traugott & Trousdale 论证的那样，"当一个图式或其某些成员过时时"也可以导致部分批准，这使它们变得对现有的微观构式来说显得如此外围。依据 Traugott & Trousdale 的理论，我们将在后续章节中说明包含"上"的构式如何获得单元状态以及空间词"上"是如何被各种图式所批准的。

三、构式变化和构式化

借鉴构式语法的各种方法和语法化研究，Traugott & Trousdale（2013，第 11 页）同意 Goldberg（2003，2006）的观点，即构式是"形式和意义的配对"，其涉及的范围从"原子结构"（单一形态，如 dog、un-）到"蔓越莓表达式"（包含部分可分析的中间构式，如 bonfire）和"复杂结构"（由可分析的块组成的单元，如 on top of）。他们提出了一个语言变化的构式框架，包括构式变化（意义或形式的变化）和构式化（新形式—新意义的新配对或具有新句法或形态和新编码意义的新符号的创建）。需要注意的是，构式的形式和意义都必须在构式化中发生变化。因此，构式变化与构式化的区别在于，构式变化不涉及创建新节点，而构式化形成新类型节点。然而，构式变化（一系列的微小变化）必须在构式化之前发生。在 Traugott & Trousdale（2013）的框架中，一个构式由下面的基本模板表示：

(6.1) [[F] ↔ [M]]

符号 F 代表形式（这与 Langacker 认为形式包含语音结构的想法不同），具体包含句法、形态和音韵。M 代表含义，特别涉及语篇、语义和语用。这里的语篇不是指语篇上下文，而是指如"信息结构化"或"连接功能"之类的构式的"语篇功能"。双箭头说明了形式和意义之间的联系，外部括号表明"形式—意义配对是一个常规单元"。

四、基于使用模型的网络

网络模型在认知语言学中发挥着重要作用，因为语言的组织与认知的其他方面的配置没有本质区别。Bybee 已经证明语言模式源于我们分类、建立单元、存储经验细节、基于先前经历的话语创建新用法以及进行跨模态联系的语域通用能力。Langacker（2008）将他的认知语法模型定义为构式网络。

我们可以将一种语言描述为传统语言单位的结构化清单。这种

结构——将单元组织成网络和组合集——与语言使用密切相关，既塑造它又被它塑造

上面的引文表明，传统的语言项被组织在一个网络中，并且它们被修订为可以在各种使用事件中使用。早期关于语素各种意义的研究表明，词汇类别和语义网络可以被认为是由原型意义构成的。Langacker 进一步阐述了该主题，并提出原型和模式的分类应被视为统一现象的情况，其共同导致复杂的语义类别或网络。然而，从语言变化的角度来看，Traugott & Trousdale（2013，第 51 页）认为网络是多方面的。对他们来说，网络具有由图式、子图式和微构式等类型表示的节点。此外，网络中的一个节点包含"形式和意义内容"，表现出不同程度的复杂性和特异性。任何节点的语义、语用、语篇功能、句法、形态和音韵之间的联系以不同的方向排列。此外，"每个节点都以各种方式连接到网络中的其他节点"。正如 Traugott & Trousdale 所表明的那样，网络以复杂的方式形成，并在语言使用过程中不断形成。我们将在下面演示涉及词素"上"的网络，然后介绍不同类型的连接以及网络中连接的增长、废弃和重构。

第二节　连接类型

Traugott & Trousdale（2013，第 59-62 页）基于先前关于构式语法的研究，解释了网络中发生的两种类型的连接，即继承连接和关系连接。需要注意的是，在构式语法的上下文中，"继承"这个概念与来源无关，它表示"同步分类关系"。也就是说，"继承"一词并

不意味着构式之间存在时间顺序。继承关系"允许在不同级别进行分类",这意味着它们不仅涉及上级组,还涉及子类别。因此,每个节点都包含其支配节点的多个属性。例如,英语表达 Jack sings 继承了英语不及物构式的属性,属于英语主谓构式。此外,Goldberg 表明继承连接可能是部分被激发,符合在 Langacker 中提到的意义上的部分批准:"构式 B 继承了构式 A 的属性,但具有一些特定于该构式的附加特征"。换句话说,构式 A 通过继承连接批准构式 B,但构式 B 可能具有与构式 A 冲突的独特特征。例如,继承解释了英语中大多数动词采用语素 -ed 表示过去时的事实。在图式性的层面上,动词的"默认继承"结合语素 -ed 形成过去时,最有可能传播到个别的微观构式中。在某些情况下允许异常,这打破了默认继承的规则(例如 sang,broke)。此外,Traugott & Trousdale 强调,构式网络中继承的一个基本特征是"表达式通常从多个构式继承",Goldberg 将其称为"多重继承"。例如,示例(6.2)中的表达式为 Traugott & Trousdale 继承自疑问主助倒置、否定、被动、现在完成时和及物构式。从构式变化的角度看,两位学者指出任何或所有与多重继承有关的构式的属性都可能发生变化。也就是说,当许多微构式组合成一个新的微构式时,我们可能会看到构式的变化。

(6.2)Hasn't the cat been fed yet?

学者还提到应用继承连接的问题之一是它们在很大程度上与形式相关。因此,我们可以看出双宾语双及物构式(例如,John gave Rose a book)和介词双宾语构式(例如,John gave a book to Rose)"不是通过继承连接所联系的",因为这两种构式具有不一样的形式。然而,它们是通过意义相关的,并且通过所谓的语义同义连接联系起来。因此，当要全面了解网络时，其他类型的连接至关重要。

关系连接指构式之间的关系类型。最初由 Goldberg（1995）提出的四种关系连接在 Traugott & Trousdale（2013，第59-60页）中进行了说明，包括多义连接、隐喻扩展连接、子部分连接和实例连接。多义连接定义了"构式的原型意义与其扩展之间的语义连接"。Goldberg 提供的例子是双及物结构，它由语法［SUBJ V OBJ1 OBJ2］和原型语义［X CAUSE Y TO RECEIVE Z］组成，如示例（6.3）所示。

（6.3）Tom gave Jane the cake.

然而，正如 Goldberg 说明的，许多相关的模式被认为是原型用法的多义扩展，例如：

（6.4）a. Tom refused Jane the cake.

［SUBJ V OBJ1 OBJ2］↔［X 导致 Y 不接收 Z］

b. Tom made Jane the cake.

［SUBJ V OBJ1 OBJ2］↔［X 启用 Y 以接收 Z］

如上例所示，构式的句法规范相同，但语义特征不同。此外，学者还提到多义连接经常出现在"子图式级别，而不是单个微构式级别"中。也就是说，在例子（6.4 a.）和（6.4 b.）中可能会出现一类含拒绝性质的词语（例如，deny、reject）和创造类动词（例如，bake、create），我们不仅仅是选择 refuse 和 make 这样的词。

隐喻扩展连接被描述为涉及特定的隐喻映射。Goldberg 认为隐喻连接可以解释可能和不可能的结果构式之间的许多联系。例如，位置和状态之间的隐喻联系可见于"He went crazy"的表达，其中状态变化被理解为位置变化的隐喻延伸。这种隐喻联系表明结果构

式是引起运动构式的隐喻延伸。两种构式之间的关联可以在示例
（6.5 a.）和（6.5 b.）中看到：

    （6.5）　a. Sally sent him home.

           b. Sally sent him wild.

子部分连接描述了构式与独立的较大单元之间的部分—整体关
系。例如，示例（6.6 a.）中所示的不及物运动图式是示例（6.6
b.）中演示的引起运动图式的一部分：

    （6.6）　a. The little girl walked to school.

           b. She walked the little girl to school.

最后，某个构式是"特例"时，就会发生实例连接的另一种构
式。例如，drive someone X 中的 X 通常由显示负面情绪而不是积极
情绪的单词或习语表示（例如，drive someone crazy nuts 或者 up the
wall）。也有人认为，构式在其发展过程中可能或多或少受到限制，
因此决定一个构式是否是另一个构式的特例的标准可能取决于它是
否位于构式图式的边缘这一事实。如上所述，密切相关的概念（如
位置和状态两个概念）之间存在各种关系联系，而这些概念在基于
百科全书知识的概念网络中被相互激活。

一、网络中的增长、过时和重新配置

Traugott & Trousdale（2013，第 62 页）认为，对单个微构式的
构式变化不会在网络中创建新节点。只有当构式化发生时，才会出
现这样的节点，也就是说，当旧构式的含义和形式都发生变化并且
这种变化通过语言用户群体传播时，构式就会创建一个新节点。概
念网络通过抽象出一般特征并基于早期构式进行扩展，在各种使用

事件中成长、发展和重新配置。很明显，新的构式类型家族可能被归类为"图式，有时带有子图式"，而"子图式或其某些成员"有时可能会"变得过时"。此外，"网络中的连接甚至可能被破坏"。遵循 Traugott & Trousdale 的方法，在本节中，我们将说明新构式如何进入边缘、停留在边缘和过时，然后显示网络的重新配置。

二、在边缘增长

网络中的增长通常与语法构式化相关，其中一系列构式化前的变化可能导致新的微观构式的产生。一个经常被讨论并显示网络增长的例子是英语情态动词的发展。在古英语中，有的动词（如 scul-"shall" 和 mot-"be able to"）表示情态意义（如能力、欲望等），但这些动词具有与其他动词不同的特征，使它们位于动词类别的边缘。由于这些动词所表达的情态意义，其中一些使用得比较频繁。随着时间的推移，像 will- 和 scul- 这样的动词变得不同于它们的前身。在中古英语中，过去时形式，如 could、might 和 should，开始以类似的方式被使用，获得了独特的情态功能，并与它们目前的形式 can、may 和 shall 分离。随着 do 倒置语的发展，旧的句法模式（如倒置）被保留下来并与这些情态相关联，这使它们与其他动词变得更加不同。最后，我们现在建立了"冷情态"，属于不断增长的助词图式的子图式。此外，已经表明网络的增长也与词汇构式化（即构词模式）有关。例如，Traugott & Trousdale（2013，第 64 页）提到，古英语中的个体名词 dom 表示具体的含义，如"命令、状态、条件"。它也经常用于一些抽象名词复合词中，如"freedom"。到古英语时代末期，-dom 的含义开始被漂白，在经历了类型扩展和语音还

原之后，-dom 被用作派生后缀。这显示了词汇图式网络的逐渐增长
（［ADJ/N］+［dom］↔［表示抽象状态的实体］）。

三、留在边缘

有人认为，当由于特定体裁类型的限制或在一群说话者中不受
欢迎等事实而不太经常使用图式中某些成员（微构式）时，这些微
构式可能会停留在整个生命周期的网络中。例如，Hoffmann（2004，
第 143 页）表明，与其他介词相比，英语中某些复杂的介词在英语
国家语料库的书面文本中很少使用（例如，in presence of、without
breach of、in distinction to、at cost of、by analogy to）。当仔细查看文
本体裁类型时，我们可能会发现某些介词在特定体裁的类型中相对
频繁出现（如 at cost of 在讨论成本时）。此外，学者指出虽然一些复
杂的介词最常见，但它们也可能受到文本类型的限制（如 in terms of
被证明在富有想象力的散文和休闲文本中罕见）。Hoffmann 还表明，
复杂介词 in front of，不仅是因为首次出现在中古英语中而很少见，
而且正如英语国家语料库所表明的那样，它在现代英语中的使用频
率也低于它的竞争对手 before。然而，in front of 在经历了语法化之
前（融合为一个单元，充当介词，失去词汇意义，几乎没有语音还
原），不再像 before 那样表示时间意义。这些例子表明，流行程度和
搭配可能性共同决定了图式中微观构式的中心性。

四、构式的边缘化和损失

正如 Traugott & Trousdale（2013，第 65 页）描述的那样，现有

图式的成员甚至图式本身可能会衰落和丢失，这通常是在经过一段时间的扩张之后。在某些情况下，我们可能还会看到伴随着"更新"的情况，在这种情况下，新的微构式出现并弥补旧的微构式的损失。例如，在屈折格丢失后，英语中的介词被用来表示格。Meillet 指出，像连词和否定词这样的类别通常会丢失和更新，而其他类别可能不会，导致该类别的新老成员在很长一段时间内并存，称为"分层原则"。例如，Peyraube 和 Li（2012，第 152 页）说，汉语中"敢做某事"中的意志动词"敢"在 11 至 16 世纪之间（大概上古汉语早期）具有两个功能：一是情态动词，意思是"敢于"；二是一种特殊的副词，称为"尊重信号副词"，表示"说话者对相关人的尊重"。由于在反问句中频繁出现语用意义"怎么敢"，"敢"的状语用法是从情态用法衍生而来的。当"怎么敢"的意思逐渐约定成词汇意义时，"敢"就获得了状语用法。因此，"敢"的两种用法并存。然而，在上古汉语晚期之后，"敢"的状语用法有所减少，但情态用法"敢"的含义一直保留至今。

Traugott & Trousdale（2013，第 68 页）回答了"如何在构式网络中对损失进行建模"的问题，这表明他们为构式增长采用的相同原则可以应用于过时现象中，尽管"竞争"的这一因素必须添加到构式网络中。两位学者认为，频繁和重复使用相似形符，允许语言使用者进行概括，作为经常暴露于相似形符的结果，可能会创建一个构式。相反，一个构式的不频繁使用，即构式批准的构式元素呈现不频繁这一事实，将导致构式网络中说话人和听话者重新解释该构式元素，并认为它不受到更多产构式的认可。在某些情况下，曾经多产的子图式可能会过时。例如，具有［ADJ+dom］形式的子图

式的几个成员仍然存在，如 freedom、wisdom。在过时期间，以前的
生产模式"变得特殊及不再具有生产性"，导致通用模板批准的实例
越来越少，最终"导致不再被使用并切断了子图式和微观构式之间
的联系"。为了证明他们的论点，Traugott 和 Trousdale 证明了一个历
史上相当多产的构式模板已经过时：［ADJ+th］↔［具有由 ADJ 指
示的实体性质］，如以下词语所示 warmth、health、truth 等。这种模
式是更一般的去形容词名词形成图式的一部分，该模式包含形式为
［ADJ+ness］和［ADJ+ ity］的子图式。与其他两个模板相比，形式
［ADJ+th］随着时间的推移变得不那么多产。因此，在后期，模式
［ADJ+th］的通用性减少，并且只有少数模板的实例，如 stealth、
truth 等被固定下来。换句话说，随着一般模式的生产力越来越低，
并且与形态网络的生产力更高的部分越来越孤立，语言使用者开始
将 wealth、depth 和 breadth 等形式视为与一般模式没有密切联系的简
单实例。在一些极端情况下，更一般的类型与网络分离，因此语言
使用者根本不认为他们是家庭的一部分。例如，当历史上多产的构
词模式丢失时，这些形式不被理解为源自一般模式（如古英语
［ADJ/V+-sum］到现代英语的 buxom、lissom、winsome）。

　　Traugott & Trousdale 还指出，许多构式可以存在相当长的时间
（例如，自中世纪早期英语以来就使用了 as long 的时间意义，尽管
伴随着音韵变化），但有时构式被使用的时间可以很短。例如，早期
现代英语中的肯定从句使用 do。构式存在多长时间的决定性因素由
"演讲者群体中的惯例"决定。也就是说，实际上决定构式生命周期
的主要是语言使用者，而不仅仅是图式。

五、连接的重新配置

除了随着时间的推移在网络中的创建和丢失方面发生变化外，相关节点家族的配置也可能发生变化。也就是说，相关子图式甚至图式的类别配置可能会发生变化。Patten（2010，2012）在解释 It 分裂句类型时展示了一个多义连接变化的例子。Patten 认为，某些 It 分裂句的发展是多义词与焦点 It 分裂句相关联的扩展。It 分裂句原本是古英语的一个焦点结构，包含一个名词短语焦点元素，它是特定的和独特的，而关系是像现代英语一样的预设关系从句，如下所示。

（6.7）It was Sally who killed her.

在示例（6.7）中，后关联元素 Sally 是焦点，并且被认为是杀死一个人的一群人中的特定成员。然而，Patten 指出，随着时间的推移，人们对后联词槽的限制较少，因此介词短语、因果从句甚至形容词都可以被集中，如（6.8）例子所示。

（6.8）a. It is in December that she's coming.

b. It is because it is your birthday that she is coming.

c. It is not sick that he was but tired.

第三节　网络中包含"上"的构式图式和发展

在本节中，我们将展示涉及"上"的构式如何通过接触不同历史时期的实际语言使用事件而获得多个单元状态，并受到各种图式的认可。我们还表明,包含"上"的创新构式的构式化的一个必要步骤是当新构式与其所基于的子图式之间存在一些冲突(在意义或形式上)时。在网络中创建一个新节点后,新的构式得到完全认可。此外,我们的研究还证明了任何节点的连接都以不同的方向排列,并且每个节点以不同的方式连接到网络中的其他节点。最后,我们需要说明,与任何其他网络一样,包含"上"的构式网络是在语言使用过程中逐渐形成的。基于包含语素"上"的构式,我们确定了与"上"相关的三个主要构式发展路径。首先,由于在上古汉语早期,"上"被用作名词前的修饰语,"上"和名词的某些组合在频繁出现后可能会发展成复合词。此外,更多的名词被"上"修饰,使〔上 N〕构式出现了新的意义。其次,"上"是关系名词,出现在各种构式中。这些构式以不同的方式联系在一起,使它们能够独特地发展并受到不同子图式或图式的认可。最后,从〔上 V$_{移动}$〕构式中获得"运动"的构式意义,"上"开始用作动词,后来成为表达结果意义的动词补语。以下讨论所示,"上"在各种构式中发展,分别是〔上 N〕〔主语 V$_{位于}$上〕〔主语 上 V〕和〔V 连词 上 宾语〕。空间词"上"现在主要由修饰语、后置词、谓语和动词补语的图式来界定。此外,随着构式整体意义的变化,在现代汉语中的一些构式里,"上"的个别意义变得模糊甚至难以被辨认出来。

一、〔上 N〕构式的发展

在上古汉语中,我们发现"上"在〔上 N〕中与名词一起出现并且修饰名词。构式中的名词由物理上或抽象意义上位于高处(或最高处)的人或事物表示。在〔上 N〕构式中使用"上"时,上古汉语中可与"上"连用的名词的选择起初比较有限。众所周知，上古汉语中有限的体裁类型可能会限制［上 N］中名词的多样性。"上天""上地""上士"等组合，在上古汉语中很常见。如表 6-1 所示，构式［上 N］基于隐喻联系获得了一些新的含义（通过前面章节中讨论的隐喻"好就是上"和"早期时间就是上"）。

表 6-1　［上 N］构式的新含义

形式	结构意义	例子	连接
上 N	物理上位于高处的东西	上帝 上天	
上 N	抽象意义上位于高处的东西	上士 上善 上品	隐喻联系
上 N	位于过去时间的东西	上古 上世纪	

此外，我们已经发现［上 N］构式中的名词种类在中古汉语中进行了拓展。［上 N］中的 N 总是在早期上古汉语中用显示积极方面的词来表示，如受人尊敬的人（如"上士"中的"士"）、良好的个性（如"上善"中的"善"）。通过实例连接，本身不表示积极方面的名词也可以出现在构式中（如"上肴"中的"肴"和"上品"中的"品"）。也就是说，构式［上 N］整体获得了积极的意义。同样，在描述时间时，现在的［上 N］构式可以用于表示过去的时间，尽管构式中的名词只是代表一般时间而不是过去事件。例如，"上星期"中的"星期"。换句话说，在［上 N］构式中，"上"往往与更一般的词一起使用。

我们可以看出，通过反复使用，某些［上 N］构式可能会丢失内部构成结构，改变后人们可能很难识别"上"的个别含义。这通过在一个［上 N］构式中失去了"上"的特定含义而显而易见。例如，我们很难在"上房"（字面意思是"房间上方"）中找到"上"的单独含义。通过查看示例（6.9）中的上下文，我们无法判断说话者是用"上房"来表示房屋中的主要房间、最好的房间还是最重要的房间。

（6.9）这上房住的，一个姓李，一个姓张（当代汉语）。

如上面讨论所展示的，新的意义可以通过隐喻的联系与［上 N］构式联系起来。另外，通过实例连接，我们可以在［上 N］构式中将更多种类的词与"上"一起使用。然而，构式的形式保持不变。因此，［上 N］经历了构式变化而不是结构化（除了一些固定组合，如"上房"失去了内部组成结构）。也就是说，网络中为［上 N］创建了新的连接而不是新的节点。

二、构式［SUB V$_{位于}$上］的发展

作为第二个主要用法，"上"是表示位置的关系名词。上古汉语中关系名词"上"出现的四种构式的含义和形式如表 6-2 所示。下面的（6.10）到（6.16）是四种构式的示例。我们列出了代表上古汉语中每个构式的示例。然而，在上古汉语中发现的［SUB V$_{动作}$ PRE N 上］构式的例子只有一个（见示例 6.14），这可能是由于上古汉语中的体裁类型有限以及我们研究中的数据量有限。我们会在后面提供关于［SUB V$_{动作}$ PRE N 上］构式所发现的实例。可以看出来，第一个构式［SUB V$_{位于}$上］是衍生出其他三个构式的基础构式。

以各种方式连接并遵循多个方向发展，这些在上古汉语中出现的构式是单独发展的，但有时会重叠。

表 6-2　关系名词"上"出现在上古汉语早期和上古汉语晚期四种构式中

例子	形式	基本含义
(6.10) (6.11)	SUB V$_{位于}$上	有（什么）东西处于天空的高处
(6.12) (6.13)	SUB V$_{存在}$上	有人存在于地面的高处
(6.14)	SUB V$_{动作}$ PRE N 上	一个生物附着在一个地方的高处
(6.15) (6.16)	Vt (OBJ) PRE N 上	在一个地方的高处进行活动

（6.10）文王在上（上古汉语早期：《诗经》）。

（6.11）赫赫在上（上古汉语早期：《诗经》）。

（6.12）汝生在上（上古汉语早期：《书经》）。

（6.13）人生乎地上（上古汉语晚期：《墨子》）。

（6.14）茑于女罗，施于松上（上古汉语早期：《诗经》）。

（6.15）厉于廊庙之上（上古汉语早期：《孙子兵法》）。

（6.16）施土扇上（上古汉语晚期：《墨子》）。

三、基础构式［SUB V$_{位于}$上］的发展

基本构式［SUB V$_{位于}$上］属于更一般的构式［SUB V$_{位于}$方位词］。正如 Peyraube 所讨论的，单音节方位词包括"上" "下"

"前""后""内""外""左""右"，如例子（6.17）和（6.18）所示，当"下""内"和"外"等方位词首次出现在［SUB V$_{位于}$方位词］中时，参考位置没有被明确提到。通过观察［SUB V$_{位于}$上］的发展历程，我们可以大致了解［SUB V$_{位于}$方位词］是如何发展起来的。

（6.17）明明在下（上古汉语早期：《诗经》）。

（6.18）今齐姬在外，郑丹在内（上古汉语早期：《左传》）。

基本构式［SUB V$_{位于}$上］首先描述了某人（某物）在天空中的高处（示例6.10和6.11）。从它的发展来看，新的意义和形式都与这种构式有关。例如，通过隐喻的联系（社会地位被理解为一个位置），出现了一个新的构式含义，它描述了某人所处的高社会地位，如例子（6.19）和（6.20）。

（6.19）义人在上（上古汉语：《墨子》）。

（6.20）圣人在上（中古汉语前期：《淮南子》）。

构式形式［SUB V$_{位于}$上］也发生了变化。最初，构式［SUB V$_{位于}$上］和另一个构式［上 N VP］之间存在混合。构式［上 N VP］描述了具有高社会地位的人的行为，如示例（6.21）和（6.22）所示（参见我们在前面章节中讨论的隐喻"高社会地位就是上"）。它与［SUB V$_{位于}$上］混合，形成另一个构式［V$_{位于}$上 VP］，如例（6.23）和（6.24）所示。构式［V$_{位于}$上 VP］继承了［SUB V$_{位于}$上］和［上 N VP］的特征。然而，［V$_{位于}$上 VP］并没有强调社会地位高的人，而是强调了社会地位高的条件。因此，主语或名词，代表在［SUB V$_{位于}$上］和［上 N VP］中社会地位高的人，在［V$_{位于}$上 VP］中被省略了。

（6.21）上士问道（上古汉语早期：《道德经》）。

（6.22）上将军居右（上古汉语早期：《道德经》）。

（6.23）居上克明（上古汉语早期：《书经》）。

（6.24）居上不骄（上古汉语晚期：《中庸》）。

在上古汉语晚期，通过子部分链接，构式［V_{位于}上 VP］在两个方面进一步发展。顺着一个方向，原构式的一部分被强调，也就是［上 VP］。同一个形式［上 VP］有两种含义：（1）"一个人（统治者或控制者）处于较高社会地位的行为"，如例子（6.25）和（6.26）所示；（2）"处于高处的条件"，如例子（6.27）和（6.28）所示。

（6.25）上爵义（上古汉语晚期：《墨子》）。

（6.26）上变政而民意教（上古汉语晚期：《墨子》）。

（6.27）上可而天（上古汉语晚期：《墨子》）。

（6.28）上履天时（上古汉语晚期：《中庸》）。

用于描述"处于较高社会地位的人的行为"或"处于较高地位的情况"的从句前的构式［上 VP］，在中古汉语的书面作品中变得不那么频繁了。［上 VP］的第一个使用频率较低的一个可能原因是出现了一些复合词，如"首领"和"上级"，取代了"上"在［上 VP］构式中的用法。因此，构式［上 VP］（描述控制者或管理者的行为）在上古汉语晚期流行，但它停留在网络的边缘，在当代汉语中几乎消失了。此外，构式［上 VP］（表示处于高处的情况）这种用法使用较少的原因之一是它逐渐被另一种构式［N 上 V 有 P］所取代（我们将在下面更详细地讨论这一点）。

上古汉语早期的基础构式［SUB V_{位于}上］也向着另一个方向发展，通过子部分连接，形成了一个更大的单元［SUB V_{位于}N 上］。相对于〔SUB V$_{位于}$上〕，更大的单位〔SUB V$_{位于}$N$_{地点}$上〕增加了一个名词，用以表示一个特定的地方。构式〔SUB V$_{位于}$N$_{地点}$上〕通常描述一个人所在位置的高处，如示例（6.29）和（6.30）所示。在中古汉语中，通过多义连接，构式〔SUB V$_{位于}$N$_{地点}$上〕不仅使用了地点名词，还使用了代表大物体的名词，如"车"和"床"等，见例（6.31）和（6.32）。构式中名词类别的加入使〔SUB V$_{位于}$N$_{地点}$上〕有了新的含义。例如，它能够描述某人所在的大型物体的高处（即汽车的内部空间或床的顶面）。与原构式〔SUB V$_{位于}$上〕相比，较新的构式〔SUB V$_{位于}$N$_{地点}$上〕比较常见。因此，原构式〔SUB V$_{位于}$上〕的形式和意义都发生了变化，它代表构式化的阶段，并指示了网络新节点的出现。

（6.29）吾必在汶上矣（上古汉语晚期：《论语》）。

（6.30）沉在岸上（中古汉语早期：《世说新语》）。

（6.31）夫在车上（中古汉语早期：《世说新语》）。

（6.32）恒在对床上（中古汉语早期：《世说新语》）。

构式〔SUB V$_{位于}$N 上〕进一步发展为更大的单元〔SUB V$_{位于}$N$_{地点}$上 VP〕。由于动词"在"经常出现在上古汉语后的动词词槽中，我们用〔SUB 在 N$_{地点}$上 VP〕来代表新形成的构式。这个更大的构式通常用于描述"一个位于高处的人的行为"，如示例（6.33）所示。通过多义连接，更多的意义与构式相关联。例如，示例（6.34）至（6.36）中，该构式可以用于描述"位于大物体高处的某人的行为"，以及"位于某个区域或抽象区域的某人的行为"。显然，名词的种类越多，构式的意义就越抽象。在现代汉语中，构式〔SUB 在 N$_{地点}$上 VP〕在报告文学文本中很常见。

（6.33）在宋城上待楚寇（上古汉语后期：《墨子》）。

（6.34）师父在树上采桑（当代汉语前期：《三国演义》）。

（6.35）我在街上找了半天（当代汉语：《老残游记》）。

（6.36）张强在座谈会上讲话（现代汉语：新闻报道）

此外，我们发现，一个较小的单元［N 上 V$_有$ P］通过继承连接与较大的构式［SUB V$_{位于}$N$_{地点}$上 VP］相连。可以看出，在［SUB V$_{位于}$N$_{地点}$上 VP］中出现的元素 SUB 和 V$_{位于}$被省略了，并且在［N 上 V$_有$P］中只允许出现一个特定的动词"有"。这一构式的出现表明［N 上 V$_有$P］中的名词和"上"之间的联系变得更强了。该构式首先描述了"地方的高处有东西"的含义，如示例（6.37）和（6.38）所示。通过多义连接，更多的意义与该构式相关联。例如，示例（6.39）和（6.40）中，该构式可以用于描述"身体（或身体部位）上有某物"和"抽象范围内有某物"。与更多种类的名词相互结合，这一构式的意义变得更加抽象。

（6.37）泰山之上有七十坛（中古汉语前期：《淮南子》）。

（6.38）岸上有不得下船者（当代汉语前期：《三国演义》）。

（6.39）身上有浪花溅着（当代汉语：《老残游记》）。

（6.40）生活上有父母（当代汉语：《老残游记》）。

四、构式［SUB V$_{存在}$PRE 上］的发展

在上古汉语早期，基本构式［SUB V$_{位于}$上］也与另一个构式［SUB V$_{存在}$PRE 上］相联系。相对于［SUB V$_{位于}$上］，［SUB V$_{存在}$PRE 上］中的动词表示人的存在，与"上"一起使用时必须跟介词，如示例（6.40）所示，［SUB V$_{存在}$PRE 上］继承了［SUB V$_{位于}$

上〕的特征，但强调了位于高处的人的存在状态。值得注意的是，"在"有两种用法：一种用作处所动词，另一种用作介词。"在"的介词功能源于处所动词"在"。在例子（6.41）中，"在"这个词被用作介词。通过子部分连接，出现了一个更大的单元〔SUB V$_{存在}$ PRE N$_{地点}$上〕，其中明确提到了名词所代表的地方，如示例（6.42）和（6.43）所体现的。

（6.41）汝何生在上（上古汉语早期：《书经》）。

（6.42）人生乎地上（上古汉语晚期：《墨子》）。

（6.43）王坐于堂上（上古汉语晚期：《孟子》）。

需要注意的是，我们上面提到的构式〔SUB V$_{存在}$PRE N$_{地点}$上〕和另一个构式〔SUB V$_{位于}$N$_{地点}$上 VP〕都描述了一个人在一个地方的高处的行为。然而，〔SUB V$_{存在}$PRE N$_{地点}$上〕通常表示存在的状态，如示例（6.43）中的坐姿，而〔SUB V$_{位于}$N$_{地点}$上 VP〕通常表示一个真实的动作，如例子（6.34）中采桑的动作。这两种构式编码的不同方面被 Langacker（1987，第254页）称为完成和未完成过程。未完成的过程涉及一种被概念化为随时间恒定的关系（如坐着的状态），而完成的过程涉及状态随时间的变化（如采摘动作）。所以，构式〔SUB V$_{存在}$PRE N$_{地点}$上〕表示一个未完成的过程，构式〔SUB V$_{位于}$N$_{地点}$上 VP〕表示一个完成的过程。

此外，现代汉语中的两个构式〔SUB V$_{存在}$PRE N$_{地点}$上〕和〔SUB V$_{位于}$N$_{地点}$上 VP〕混合形成一个新的构式〔SUB V$_{存在}$PRE N$_{地点}$上 VP〕，其描述了一个完成和未完成的过程，如示例（6.44）和（6.45）。

（6.44）大人坐堂上等着（当代汉语：《老残游记》）。

（6.45）我坐在田地上听歌（现代汉语）。

五、构式［SUB V$_{动作}$PRE N 上］的发展

构式［SUB V$_{动作}$PRE N 上］通过多义连接与构式［SUB V$_{存在}$PRE N$_{地点}$上］相关。相对于［SUB V$_{存在}$PRE N$_{地点}$上］，出现在［SUB V$_{动作}$PRE N 上］中的动词表示由生物（以主语表示）进行的动作，该动作可以影响地点或对象（用名词表示）。大多数执行动作的动词尽管都可以出现在构式中，但该构式表示"一个有生命的东西附着在一个地方的高处（或一个物体的顶面）"的独特含义，如示例（6.46）和（6.47）所示。在现代汉语中，［SUB V$_{动作}$PRE N 上］常用在描述性文本里来描绘场景，并且构式中的主题通常被拟人化，如示例（6.48）。此外，在现代汉语中，［SUB V$_{动作}$PRE N 上］的介词槽中仅使用介词"在"。

（6.46）茑于女罗，施于松上（上古汉语早期：《诗经》）。

（6.47）青蛇盘于椅上（当代汉语前期：《三国演义》）。

（6.48）晨光打在池塘上（现代汉语）。

六、构式［Vt（OBJ）PRE N 上］的发展

如上所述，［SUB V$_{动作}$PRE N 上］描述了在一个地方的高处发生的主动动作。［Vt（OBJ）PRE N 上］继承了其主导构式［SUB V$_{动作}$PRE N 上］的特点，然而，它与［SUB V$_{动作}$PRE N 上］冲突，并强调在一个地方的高处做的事情。因此，［Vt（OBJ）PRE N 上］中的宾语被强调，主语可以被省略，正如 Tang 所指出的，在上古汉语中

省略主语是很常见的，这是保持简洁写作风格的一种方式。构式〔Vt（OBJ）PRE N 上〕中的宾语在其些情况下也可以不提及，如示例（6.49）所示。通过多义连接，〔Vt（OBJ）PRE N 上〕中使用了表示物体的名词，构式可以描述某物附着在物体高处的情况，如示例（6.50）和（6.51）。

（6.49）厉于廊庙之上（上古汉语早期：《孙子兵法》）。

（6.50）拖之于舟上（中古汉语早期：《淮南子》）。

（6.51）放昭于椅上（当代汉语早期：《三国演义》）。

我们发现现代汉语中构式〔Vt（OBJ）PRE N 上〕的含义变得更加抽象，被把构式所取代。"把"这个词原本是一个完整的动词，意思是"保持"。在经历了高度的语法化之后，"把"完全失去了它的具体含义。根据 D. Xu（2006，第 3 页）的说法，"把"构式通过将句子移到动词前位置来强调句子的宾语。因此，相较于〔Vt（OBJ）PRE N 上〕，〔把 OBJ V PRE N 上〕中的宾语被移动到了动词前的位置，如例子（6.52）和（6.53）所示，现代汉语中的〔把 OBJ V PRE N 上〕可以描述一个物体附着在另一个物体的高处或身体部位。该构式还可以表示将事物添加到抽象区域中，如示例（6.54）。需要注意的是，现代汉语中的〔Vt（OBJ）PRE N 上〕只使用了介词"在"。

（6.52）把杯子放在桌上（现代汉语）。

（6.53）把项链挂在脖子上（现代汉语）。

（6.54）把钱花在养殖业上（现代汉语）。

上面的讨论已经表明，不同的构式通过各种连接与基本构式〔SUB V$_{位于}$上〕相关，包括隐喻连接、继承连接、多义连接和子部分连接。在现代汉语中，从基本构式［SUB V$_{位于}$上］派生的构式如下表 6-3 所示。如表所示，在所有这些构式中，"上"都直接跟在名词之后并用作后置词。因此，我们可以说原始关系名词"上"目前受到后置图式的批准。

表 6-3　现代汉语中源自［SUB V$_{位于}$上］的构式

时期	形式
现代汉语	［SUB V$_{存在}$ PRE N$_{地点}$上 VP］
现代汉语	［N 上 V$_{有}$ P］
现代汉语	［SUB V$_{动作}$ PRE N 上］
现代汉语	［SUB V$_{存在}$ PRE N$_{地点}$上 VP］
现代汉语	［把 OBJ V PRE N 上］

七、构式［SUB 上 V］的发展

在上古汉语早期，我们还发现了另一种含有"上"的构式，即［SUB 上 V］。它首先描述了生物向物理位置更高的地方（或最高的地方）移动，如示例（6.55）至（6.57）所示。该构式还用于表示一个人的道德标准向最佳状态的移动，如示例（6.58）所示。在表示第二个含义时，该构式创建了一个新的隐喻连接，将良好的道德标准与高位（"好就是上"）联系起来。其他两个构式，即［SUB 上］和［（SUB）上 N］，被发现与［SUB 上 V］相关。可以看出，［SUB 上］中的"上"继承了［SUB 上 V］的运动意义，允许构式［SUB 上］描述物体向高处/更高处的运动，如例（6.59）所示。同理，［（SUB）上 N］中的"上"也继承了［SUB 上 V］的动作意义，然而，由于［（SUB）上 N］强调运动的终点或某物到达的最高点，如示例（6.60），因此在［（SUB）上 N］中使用了一个名词，表示最终目的地。比较［SUB 上］和［（SUB）上 N］，第一个自出现以来使用较少，而［（SUB）上 N］则以更多产的方式发展。占主导地位的构式［SUB 上 V］较少被使用并逐渐消失。一个可能的原因是，随着指示方向的副词越来越多，如"朝"或"向"，"上"逐渐失去了作为副词的功能（除非在某些固定表达中）。

（6.55）两服上襄（上古汉语早期：《诗经》）。

（6.56）下水上腾（中古汉语前期：《淮南子》）。

（6.57）气乃上蒸（中古汉语前期：《淮南子》）。

（6.58）君子上达（上古汉语晚期：《论语》）。

（6.59）短轻者上（上古汉语晚期：《墨子》）。

（6.60）争上吾城（上古汉语晚期：《墨子》）。

在中古汉语早期，动词"上"前加一个副词构成一个新构式［SUB ADV 上］，该构式表达了如"某物每天都在进步"之类的含义，如例（6.61）所示。可以看出，基于"好的就是上"这一隐喻，当社会行为的改善被概念化为向更高的位置移动时，包含"上"的构式网络中创造了新的连接。然而，随着［SUB ADV 上］中"上"的意思逐渐被一些复合词如"提高"取代，构式［SUB ADV 上］变得不那么频繁，在现代汉语中几乎消失了。

（6.61）风气日上（中古汉语早期：《世说新语》）。

然而，构式［（SUB）上 N］却经常被使用，这使它获得了更多不同的含义。例如，该构式可以基于隐喻"多就是上"来描述数量的增加，如示例（6.62），其中数量的增加被概念化，并被理解为与向高处移动的物理运动相同。当代汉语和现代汉语中的 [（SUB）上 N] 被发现并与更多含义相关联，因为该构式在更多上下文中被使用。也就是说，新的意义通过多义连接与该构式相关联。例如，[（SUB）上 N] 可以表示"登上一个大物体"，如示例（6.63）和（6.64）所示。

（6.62）上百万数（中古汉语前期:《世说新语》）。

（6.63）上场（当代汉语:《老残游记》）。

（6.64）上手术台（现代汉语）。

根据上面的讨论，在 [SUB 上 V] [SUB 上] [SUB ADV 上] 和 [（SUB）上 N] 等各种构式中发展，现在的空间词"上"受到谓语图式的批准，特别是"上"经常出现在现代汉语中的 [（SUB）上 N] 构式中。

八、构式 [V CON 上 OBJ] 和 [SUB 上 N] 的发展

在上古汉语晚期，"上"具有"使某物移动到更高或更高的位置"的因果含义，如示例（6.65）所示。使动动词"上"也出现在一个更大的单位 [V CON 上 OBJ] 中，其中第一个动词和使动动词共用同一个宾语，如（6.65）中的代词"之"所代表的。这种构式 [V CON 上 OBJ] 表示"移动某物并使其到达较高或更高的位置"的含义，如示例（6.66）和（6.67）所示。随着构式 [V CON 上 OBJ] 的发展，其中第一个动词和"上"之间的连词"而"被省略，代词"之"被一个专有名词取代，导致一个新的构式 [V 上 OBJ] 出现，如示例（6.68）所示。事实上，省略连词并没有改变构式的内部结构。我们在前面章节已经提到，由于省略了连接词，[V 上

OBJ]中的动词和"上"之间有更强的关联性。也就是说，一个连词的衰落会影响"上"的用法。"上"与动词一起频繁出现后，经历了语法化，失去了具体意义。构式［V 上 OBJ］然后成为中古汉语时期的连续动词构式，表示"移动某物并使其与另一物接触"的意思，如示例（6.68）和（6.69）所示。需要注意的是，当构式中的宾语被突出显示时，我们可以采用［把 OBJ V 上］中的把构式将其置于动词前面的位置，如示例（6.70）。

（6.65）令一人下上之（上古汉语晚期：《墨子》）。

（6.66）推而上之（上古汉语晚期：《墨子》）。

（6.67）激而上之（前中古汉语：《韩非子》）。

（6.68）卷上珠帘（中古汉语晚期：《唐诗三百首》）。

（6.69）点上蜡烛（当代汉语：《老残游记》）。

（6.70）把大门锁上（当代汉语：《老残游记》）。

另一种构式［SUB 上 N］与动作动词结合发展为一个大单元［SUB V 上 N］。［SUB V 上 N］表示一个方向性序列动词构式，表示"移动并到达一个高/更高的位置"的意思，如例（6.71）所示。根据 Y. Liang（2007，第 4 页）所提到的，指示方向的动词，如"上""下""入""出"等可以跟在动词后面并大概在上古汉语后期形成方向性连续动词构式。因此，我们认为［SUB V 上 N］这一构式首先产生在上古汉语晚期左右。然而，要展示汉语中一般方向性连续动词构式如何随着时间的推移而发展超出了当前研究的范围，我们要强调的是上古汉语晚期中连续动词构式的频繁出现确实有助于［SUB V 上 N］的产生和发展。在当代汉语和现代汉语中，通过多义连接，构式［SUB V 上 N］进一步发展。例如，示例（6.72）和

（6.73）中，构式［（SUB）V 上 N］中的主语可以用无生命的物体表示，如"泉水"和"感情"。这表明［（SUB）V 上 N］的意思现在变得更抽象了，它可以描述"某物依附另一物"（示例（6.72））和"一个抽象的思想依附另一物"（示例6.73）。此外，构式［V 上 OBJ］中的动词和"上"在意义和形式上都得到了进一步的整合。例如，示例（6.74）中，"倒上"更像是一个双音节复合词，被组合起来修饰宾语，"上"的单独含义变得比较模糊。

（6.71）蜻蜓飞上玉搔头（中古汉语晚期：《唐诗三百首》）。

（6.72）泉水翻上水面（当代汉语：《老残游记》）。

（6.73）感情涌上心头（现代汉语）。

（6.74）那是新倒上的冻油（当代汉语：《老残游记》）。

我们需要注意的是，上面提到的两个构式［V 上 OBJ］和［SUB V 上 N］都是方向性系列动词构式，但它们的形成方式不同。两种构式中的"上"在［V 上 OBJ］中首先是使动动词，而在［SUB V 上 N］中是及物动词。因此，相对于［V 上 OBJ］构式，［SUB V 上 N］构式中动词"上"后面的名词所代表的是一个位置或一个不受"上"引起的动作直接影响的事物。因此，相对于表示"使某物移动到高处或与另一物接触"的［V 上 OBJ］构式，［V 上 N］构式突出了"某物到达高处或附着于另一物的特定方式"。

上述已经讨论，空间词"上"出现在各种构式中，即［SUB V 上 OBJ］［V 上 N］和［把 OBJ V 上］，空间词"上"现在由补语图式批准并跟随一个动词。

九、小结

在上面的讨论中，我们展示了上古汉语早期中包含"上"的三种构式是如何发展的，它们是［上 N］［SUB V_{位于}上］［SUB 上 V］。这些构式以各种方式发展，并通过不同的连接与其他构式相关联。首先，我们发现［上 N］构式中出现的名词种类越多，与该构式相关的意义就越多，并且随着"上"与名词的关联性越来越强，"上"在某些组合中的修饰功能可能会失去。

其次，构式［SUB V_{位于}上］通过混合与其他构式联系，并向不同的方向发展。在现代汉语中，我们通常会看到从［SUB V_{位于}上］中派生出来的构式，分别是［SUB V_{位于}N 上 VP］［N 上 V_有P］［SUB V_{动作}PRE N 上］，［SUB V_{存在}PRE N 上 VP］和［把 OBJ V PRE N 上］。构式的第二种用法［上 VP］，描述处于高处的情况，只有一些固定的表达方式。"上"现在直接跟在一个名词（可以表达具体或抽象的意义）之后，变成了一个后置词。另外，相对于一些较旧的构式，如［SUB V_{动作}PRE N 上］和［Vt（OBJ）PRE N 上］，动词短语现在在构式［SUB V PRE N 上 VP］中跟在"上"后面，这表明词序发生了变化，现在可以在动词前的位置使用介词了。

另外，上古汉语早期的构式［SUB 上 V］也向多个方向发展。从［SUB 上 V］获得语言功能后，"上"出现在［SUB 上］［SUB 上 N］［V CON 上 OBJ］中。构式［SUB 上 N］与动词一起使用形成［V 上 N］构式，它描述某物到达高处/更高处的特定方式。此外，现在可以省略［V CON 上 OBJ］构式中第一个动词和"上"之间的连词，这样两个元素之间的关联性变得更强，从而产生新的构式

［V 上 OBJ］。它表示移动某物并使其停留在高处的情况。当宾语被强调时，它可以移动到动词前的位置，这带来了另一种构式［把 OBJ V 上］。在现代汉语中，我们经常能看到以下构式，分别是［SUB 上 N］［SUB V 上 N］［V 上 OBJ］和［把 OBJ V 上］。所以，我们可以说"上"现在受到谓语和动词补语图式的批准。

此外，很明显，包含"上"的构式不是随机出现的，它们在网络中是相关的。当表达一种创新的意义时，现有的构式可能会因与其他构式的融合和联系而发生变化。构式的含义和形式一旦发生变化，就会创建一个新节点（创建一个新构式）。此外，我们的研究表明，包含"上"的特定构式的发展方式主要取决于与它一起出现的词的种类以及该构式在多个使用事件中的使用频率。首先，当构式中出现更多种类的词时，与该构式相关联的含义会变得更加多样化。其次，当某一构式被较少使用时，其他构式可能会代替这一构式。随着各种含"上"的构式在网络中的发展，"上"逐渐被复合、后置、谓语、动词补语等图式所批准。

最后，我们需要强调的是与包含"上"的构式相关的变化也可能受到特定时间的一般构式变化的影响。首先，由于"外""内"等方位词也可以出现在［SUB V$_{位于}$ 方位词］构式中，构式［SUB V$_{位于}$ 上］的发展反映了与一般构式［SUB V$_{位于}$ 方位词］图式相关的变化。其次，我们承认上古汉语后期中方向性序列构式的发展有助于在［V 上 OBJ］和［V 上 N］两种构式中频繁使用的"上"发展为补语。

第七章

基于语料库的汉语短语研究启示

    本书的目的是探究空间方位词"上"的多重含义是如何在历时变化中形成，然后又如何影响其共时语义网络的。使用语料库来追溯汉语不同历史时期空间词"上"的发展情况，研究表明，空间词"上"的语义变化（或语法化）如果没有多重动机，就不会出现"上"的特定发展途径。这些影响因素包括概念隐喻、语用推理的语境要素、构式意义、使用频率、搭配类型的扩展、构式中各种成分的发展等。另外，研究发现"上"的新意义不是随机出现的，而是系统发生的，变化既发生在"上"的意义内，也发生在含有"上"的构式中。此外，我们可以看出，包含"上"的构式是相互关联的，并形成了一个网络。总的来说，通过表明"上"的新用法与其旧用法相关，并且"上"的语义变化发生在语言使用过程中，本书的结果与基于用法的语言模型一致。

    在以下部分，我们将从六个方面对分析结果进行总结和讨论，探讨此类基于语料库汉语语言数据的研究在以下方面给我们带来的启示：语义变化中的隐喻延伸和邀请推理、语义变化与多义的关系、涉及"上"的网络变化、影响"上"发展的一般变化、语境与历时发展的关系、汉语空间词的语义变化与语法化问题。

第一节 语义变化中的隐喻扩展和邀请推理

正如我们对"上"意义的分析所表明的，隐喻延伸和邀请推理这两种语义变化模型在激发语言项的新用法方面起着重要作用。每个模型都可以解释另一个模型不能解释的变化现象，当然也有两个模型都可以解释的语言变化问题。因此，基于隐喻或邀请推理的解释并不否认其他模型的影响力。首先，这两个模型在解释创新意义的兴起时反映了不同的观点。隐喻过程揭示了说话者试图将一个语义域映射到另一个语义域来增加抽象概念的信息内容，这是在说话者头脑中进行的认知过程。例如，当说话者表达"好/最好"的感觉时，其获得了基于垂直性物理概念的抽象质量认知。沟通中的编码推理过程反映了说话者与他人进行战略性谈判和互动的尝试，这是表达说话者态度或信念的一种方式。例如，当说话者认为移动到高处的最终目标就是去那个地方时，"上"表达"去"的意思首先出现在语用推理用法上。我们可以看出，两种模式所激发的创新都是为了适应交流的需要而出现的。其次，隐喻和推理可以同时发生来产生特定的语义变化，这两个过程的合作可以鼓励特定的语义扩展。例如，"上"表达"更多"的意思可以用比喻和邀请推理来解释。当采用比喻叙述时，"上"的"更多"的含义可以归因于比喻"多就是上"，基于这一隐喻，数量概念被认为与海拔概念相同。然而，我们还发现，在描述水的深度时，"上"的"高处"意义可能会引发"更多"的推论。Sullivan 指出隐喻/邀请推理重叠中的所有扩展似乎都涉及主要隐喻。例如，"多就是上"代表一个主要隐喻，它涉及"多"和"上"的两种同时发生的体验（例如，当向容器中加入更多水时，水位上升）。有两种同时发生的情况也是邀请推理的先决条件，这种推理发生在包含一种字面意义和另一种隐含意义的上下文中。例如，描述水的高度的上下文中，可能暗示有更多水的推断。所以，主要隐喻和受邀推理的共同经验基础对我们理解隐喻/邀请推理的重叠很重要。再次，隐喻和邀请推理在语义变化的特定阶段往往会产生不同的效果。有研究已经发现，隐喻可以在早期参与语言项的意义，一旦语言形式获得了隐喻的次要意义，说话者在后期可能不会有意识地感觉到隐喻的作用。例如，"上"的"更早的时间/过去"的含义首先出现在上古汉语早期，现在仍然可以在现代汉语中找到这一用法。如果不解释，说话者不会有意识地意识到使用"上"来指代过去的时间是隐喻性的。与隐喻相比，邀请推理更有可能促进语言项在后期的语法功能。例如，基于推理，"上"可以在现代汉语中标记一个动作的结果，并表达"到达目的地的结果"和"联系的结果"的含义。最后，隐喻和邀请推理进行的语义扩展必须由语言社区里的语言使用者共享。也就是说，一个基于隐喻和邀请推理的创新变化可能首先是作为个人行为出现的，它必须不定期地被其他语言使用者所接受并传播。

一、语义变化与多义性的关系

除了展示在各种使用事件中基于隐喻和语用推理的意义如何与

语言项相关联，本书还展示了语义变化与多义性之间的关系。根据 Traugott & Dasher 的说法，"由于变化的性质，如果不借鉴多义性理论，就无法研究语义变化"。每一次变化都不是简单的一种意义的替换，然而我们通常看到的是随着时间的推移越来越多的意义的积累，这表明语义变化与多义性之间存在密切关系。首先，一个词的各种意义之间的语义相关性是长期历时变化发展的结果。首先，"上"的含义是相互关联的，"上"在各种语境中频繁使用后，成为汉语各个时期的约定单位。在语义发展过程中，数百年来，"上"的新旧含义继续共存，尽管它们在使用频率方面的相互关系可能会发生变化。例如，在上古汉语晚期出现的"上"的旧含义"移到高/更高的地方"，在当代汉语中仍然可以看到，就像在"上城墙"中"上"描述"向上移动到城墙"一样。较旧的用法（包含明显的向上移动意义）与一些较新的用法相比，其向上运动这一意义变得不那么普遍，而是呈现出一种更微妙的向上运动，如"上车"。此外，值得注意的是，"上"的某些用法如果较少使用，可能会在某些时候消失（例如，"上"的意思是"向高/更高的地方"在上古汉语后期之后并不常见，因为这个意思逐渐被取代，与其他词相关）。

其次，本书还表明新形成的单位（即图式）可用于批准词汇的另一种更具创新性的含义。例如，上古汉语晚期中与"上"相关的"移动到高/更高位置"的含义被发现可以用于支持后期更多创新的"上"的含义（如"上百万数"和"上层次"）。

另外，我们发现随着更多类型的词在各种上下文中与语言项一起使用，更多不同的含义可以与该词相关联。当这个词出现在更多类型的体裁中时，这一点尤其明显。例如，其经常与抽象名词如

"世界""历史"和"精神"一起使用。在一般小说和报告文学的体裁中，现代汉语中的空间词"上"可以表示"抽象范围"的图式性意思。

就像上面讨论所显示的，语义变化和多义是相互作用的：语义变化发生在语言使用过程中，它促成多义词在特定时期的各种意义，而多义词在特定时期的意义可以导致后期更多的创新用法。

二、涉及"上"的变化相互关联并形成网络

基于使用的方法认为，语言结构与语言使用实例密切相关并且语言单元可以被组织成网络。因此，我们可以认为涉及"上"的网络的变化是相关的，并且是通过语言使用的过程而发生的。本书在第五章已经表明，上古汉语早期中的"上"出现在三个主要构式中，即［上 N］［SUB $V_{位于}$ 上］［SUB 上 V］。这三种构式是相关的，但它们表现出各自的特性并以自己的方式发展。至于构式［上 N］，它在上古汉语早期中出现的频率很高，这导致了两个条件：第一，在［上 N］构式中可以出现更多种类的带有"上"的名词（如"上看"）；第二，一些［上 N］构式获得了单元地位并成为复合词（如"上房"）。

上古汉语早期中的［SUB $V_{位于}$ 上］构式发展出三种构式。这些构式发展成现代汉语中的新构式，除了现代汉语中仍然存在的构式［SUB $V_{动作}$ PRE N 上］。当比较上古汉语早期和现代汉语中"上"的用法时，我们可以看到上古汉语早期中的"上"并不总是跟在构式［SUB $V_{位于}$ 上］和［SUB $V_{存在}$ PRE 上］中的名词之后，但是"上"在现代汉语中必须跟在名词之后（通常是抽象的）。这意味着，随着

构式中使用的名词越来越多，说话者倾向将名词和"上"视为一个单位，这使"上"受到后置图式的认可。

此外，在上古汉语早期，我们很少见到意为"某物移动到更高地方"的构式［SUB 上 V］，其逐渐被上古汉语晚期的其他三个构式所取代：［SUB 上］［SUB 上 N］和［V CON 上 OBJ］。"上"在这三种构式中被频繁使用后，获得了动词功能，并受到了谓语模式的批准。这三种构式通过各种连接进一步发展，使上古汉语晚期出现了新的构式［V 上 N］和［V 上 OBJ］。

此时，表示物理位置或具体对象的名词总是出现在这两种构式中，来表达"某物移动并到达高处/更高处"和"移动某物并使其停留在高处/更高处"等含义。在当代汉语中，［SUB V 上 N］或［V 上 OBJ］中可以使用更多种类的动词和名词，这使［V 上］成为一个单元，并使"上"受到动词补语图式的批准。当［V 上 OBJ］构式中的宾语被凸显时，一个新的构式［把 OBJ V 上］包含动词"把"出现在当代汉语中。在现代汉语中，构式［V 上 OBJ］被发现表达了更抽象的想法，如"爱上他"。在现代汉语中，我们通常会看到以下构式，分别是［SUB 上 N］［SUB V 上 N］［V 上 OBJ］和［把 OBJ V 上］。

上面的讨论说明，构式之间的变化不是随机发生的。构式的使用频率和构式中经常出现的词的种类都会导致构式的变化。此外，构式可以通过融合或继承现有构式的特征以多种方式联系起来，一个旧构式可以发展为多个方向来满足不同的交流需求。随着包含"上"的构式在网络中的发展，"上"逐渐获得了更多的功能，并受到了更多类型的图式的认可。

三、影响空间词"上"发展的普遍变化

我们还发现汉语特定阶段的普遍变化会影响"上"的使用，这再次表明变化是相关的，形成了一个网络。这些普遍的变化包括方位词和地名词的发展、方向性连续构式的发展以及双音节词的发展趋势。首先，"上"的功能之一是用作方位词。Chappell & Peyraube 提到，上古汉语方位词，如"上""下""内""外""前""后"等单音节词，与现代汉语的使用不一样，它们可以单独用于表示某一地方。在前中古汉语中，"房"等普通名词不再用作地点名词，地点名词由普通名词+方位词构成，就像在"船外"。此外，方位词往往表现得像功能词，尽管它们仍然表示精确的位置。在中世纪早期的汉语中，某些方位词，包括"上""下""中""前""边"等可以表示不指定的位置，这意味着它们不再表示精确的位置，而是表示一个比较模糊的位置。因此，我们看到在现代汉语中，方位词通常跟在名词之后，可以表达更模糊的含义。本书研究表明，方位词"上"的发展遵循 Chappell & Peyraube 讨论的一般变化，"上"可以与更多种类的名词一起出现并逐渐失去其具体含义。我们也表明"上"被用于各种构式中，有其独特的发展方式，这可能与其他方位词不同。例如，当跟随名词如"车"或"船"时，"上"可以表示特定语境中的"汽车或船的内部空间"，尽管另一个方位词"里"可能表达相同的含义。其次，正如我们的研究显示，"上"在中古汉语中开始用作动词补语。这反映了汉语方向性连续动词构式的发展。Y. Liang 指出，方向性连续动词构式大概出现在上古汉语晚期，它们是由动词和方向动词组合而成的，方向动词包括"上""下""入"

"出"，组合而成的构式如"爬上"。连续动词构式中的第二个动词频繁出现后，可能会出现语法化，不再表示方向，这是"上"发展过程中出现的一个变化。另外，汉语单音节词变成双音节词的趋势也促进了"上"的语法化。我们已经证明在某些构式（例如［V 上 OBJ］）中，"上"和某些词语的频繁组合允许"上"与相邻的词有更强的关联性，并且失去其具体意义（例如，在某些情况下，"上"失去了独立的结构并强烈依赖［V 上 OBJ］构式中的第一个动词）。

四、语境与历时发展的关系

"语境（或上下文）"的作用在语法化研究中得到了加强。在一个被广泛引用的引文中，Bybee 等人描述："与 gram 的含义［'语法语素'的简称］相关的所有事件都是由使用它的上下文而引起的。"自此之后，很多学者探讨了语境对语法化的作用。通用术语"语境"涉及语言环境和语言外环境，并且在指代句法字符串或成分时，它也可以与"构式"互换使用，因此我们需要区分语法化中的语境类型。我们的分析表明，多种语境因素导致了"上"的语义发展，也引起包含"上"的构式的变化。Traugott & Trousdale（2013，第 207 页）将影响"上"的用法的第一种语境称为"构式—内部语境"，它代表一个或多个构式成分可能促成变化的当地语境。首先，在构式中，经常与"上"相关联的语用推理可以成为"上"含义的一部分。例如，［V 上 OBJ］中的动词补语"上"可以引发"接触的结果"的推论，通过频繁地使用语境，这一意义变成了"上"的多义用法。其次，构式中各种成分的发展会引起其形式的重新分析，并改变"上"的含义。例如，某些［上 N］构式丢失了内部构成结构，使"上"的含义变得不那么具体，因此我们看到例子"上房"（表示主要或者重要房间）。另外，"上"在各种构式中的搭配类型的扩展可以导致"上"含义的泛化，促进了语法化的过程。例如，随着［V 上 OBJ］构式中出现的动词种类越来越多，动词"迎""锁""上"逐渐成为表示结果状态的语法标记。此外，我们研究已经表明重复使用构式中的组件，如［N 上］和［V 上］，更有可能经历形态缩减并被处理为单个块或单元。尽管如此，被使用较少的构式，如［上 VP］，可能被其他表达方式所代替。因此，频率虽然不是本书的主要焦点，但我们承认形式和类型频率在触发包含"上"的各种构式的变化中都起着重要的作用。这与 Bybee（2006，2010）的观点一致，即频率不仅是语法化的结果，而且是促使语法化变化的积极力量。此外，我们还研究了笫二种语境，即网络上下文（即构式之间的连接）。根据 Traugott 和 Trousdale，网络上下文包括"网络中具有相似含义和形式的构式"或"能够进行类比思维的相关节点"。本书证明，包含"上"的构式通过各种连接联系起来，包括隐喻连接、多义连接、实例连接和继承连接。此外，我们已经表明"上"的用法也受到广泛的话语功能上下文的影响，这是"当时影响语言网络中节点和连接的更普遍和系统的变化"。更具体地说，汉语历史上的方位词和序列构式的发展促进了"上"的变化。总的来说，本书采用基于用法的方法，表明语言项应该在它们所发生的语境中被观察，没有语境的促进作用就不可能发生语言项的变化。

第二节　汉语空间词的语义变化与语法化

　　前面章节已经陈述，汉语的孤立性使其成为研究语义变化和语法化的理想选择。由于其孤立的性质（如未标记的词语结构），汉语词素在其意义和语法功能上表现出独特的历时发展方式。首先，与英语或其他一些语言一样，与汉语词语发展相关的典型进化链是意义，可随时间而"积累"。汉语词汇的旧含义 A 可能与新含义 B 共存，然后这两个含义可以扩展形成第三种含义 C。因此，在汉语词素中，完全丧失旧含义的情况可能相对较少，但是汉语单词的意义或语法功能在很大程度上受该单词在从句中的使用位置影响。根据不同的交际需求，像"上"这样的词可以出现在多个位置，在汉语句子中起到灵活的作用。因此，汉语词位在获得新的意义时往往表现出更大的灵活性。换句话说，未标记的词语结构使汉语词素更容易适应它们所出现的句子上下文。其次，正如汉语语言学研究中所记载的那样，汉语词项在语法化过程中，有与另一个词配对形成双音节词和连词结构的趋势（词汇化过程）。与汉语词位发展相关的两个特征都体现在汉语空间词的语义变化和语法化上。例如，随着方位词"上"出现在从句中的不同位置，在发展过程中，与它相关的意义或语法功能越来越多，"上"的新意义可能在一个旧意义的基础上形成。此外，在当代汉语中，我们发现"上"通常与其他语素组合形成双音节空间词，如表 7-1 所示。请注意，这些词中的大多数都继承了"上"早期的意思"高处/更高的地方"，而有些则来自

"上"后来发展的多义词，如"更多"这一意义。

表7-1　含"上"的双音节词

汉字	以上、上头、上面、上去、上来、上前

　　本书除了显示出上述两个发展特征外，还揭示了空间词"上"的词汇来源和演化路径。我们认为，"上"最早的含义与前上古汉语甲骨文中对"天空"的表征有关，因为它与我们在上古汉语早期确定的"上"的用法是一致的。然而，我们怀疑的是，"上"在前上古汉语中只有一个最早的含义（"天空"）。示例（7.1）中，上古汉语早期使用"上"来指代"天空"或"尊贵的人或他的精神所在的高处"，在这种情况下，人们将天空视为参考点。然而，我们还发现当我们以地面为参考点时，在上古汉语早期，"上"可以表示"地面"，如（7.2）所示。可以说，上古汉语早期"上"的基本含义是"高处/高地方"，但取决于我们理解或交流中采用哪些环境地标（天空/天堂还是地面/地球），"上"也可以指"天空"或"地面"。

　　（7.1）文王在上（上古汉语早期：《诗经》）。

　　（7.2）汝何生在上（上古汉语早期：《书经》）。

　　基于从上古汉语早期到现代汉语的实例，我们追溯了"上"的各种含义，"上"遵循的进化路径也得到了证明。与前人关于方位词语法化的研究结果相似，方位词"上"在语法化的过程中逐渐失去了词汇特征，执行更多的语法功能。随着"上"的含义在发展中发生变化，其语法功能也发生了变化。因此，随着"上"的发展，本书揭示了两个层次的连续变化：从表示特定位置到表示更普遍的含义的变化（如"上"在中古汉语中表示"顶面"，但它可以在现代汉语中指代"一个抽象范围"的一般含义），从指示较少的语法功能到显示更多的语法功能的变化。在现代汉语中，"上"通常被用作后置词、及物动词、动词补语和名词修饰语（形容词）。值得注意的是，"上"的变化过程是通过一些中间阶段来实现的，在这些阶段中，早期意义（早期语法功能）和后期意义（或后期语法功能）同时存在。也就是说，一个较旧的语法功能可能在最近的时间里仍然可以看到，并与"上"联系起来。例如，"上"在当代汉语中仍可以用于修饰名词，如在"上房"中表示"主要/重要房间"，但与其较新的后置、动词或动词补语等语法功能相比，"上"的这一修饰功能并不常见。

第八章

总 结

本章首先根据研究问题对研究结果进行总结，然后指出研究的意义，最后讨论本书的局限性并指出进一步的研究方向。

第一节 概 括

本书追踪了汉语空间词"上"的语义变化，并展示了"上"在整个书面汉语历史中是如何演化成如今的多义网络的。我们从上古汉语（公元前 12 世纪—公元 220 年）、中古汉语（公元 220—1368 年）、当代汉语（15 世纪—19 世纪中期）和现代汉语（19 世纪中期—20 世纪）的汉语历史语料库中提取了 2749 个"上"的实例。以概念隐喻和语用推理为基础，我们分析了各个时期"上"的外延意义，并用原则多义模型论证了与"上"相关的独特意义。此外，我们还观察了包含"上"的各种构式的发展，探讨这些构式是如何在网络中联系起来的。下面我们将通过回答研究问题来总结本书研究的结果。

1. 历时语义变化研究可以告诉我们关于共时多义性的什么问题？

a. 汉语多义词"上"的词源和演化路径（从语义和语法两方面来说）是什么？

根据以往研究的证据和上古汉语早期中"上"的含义，我们提出"上"在前上古汉语中首先用作名词来表示"高/高处"和"天空"或"地面"的含义。在上古汉语早期，"上"既可用作名词又可用作状语，来表达"高/高处""高/最高"和"朝向高/最高处"的含义。在上古汉语晚期，"上"具有后置词和动词的语法功能，包括"顶面""区域""移到高处"和"到达高处"。大约在中古汉语晚期，"上"获得了动词补语的语法功能，可以表达"使事物向高/更高位置移动的结果"的意思。"上"虽然在当代汉语和现代汉语中仍然具有上述语法功能（除了一些用法很少见并限于特定上下文），但"上"的含义得到了扩展并变得更加抽象。例如，作为后置词，"上"在现代汉语中可以表示"抽象区域"的含义。

b. "上"的各种意义如何在各个历史阶段发展起来，形成多种共时相关的意义？

"上"的新含义是基于旧用法出现的，而新用法则是由隐喻和/或特定的使用上下文所激发的。"上"的新旧含义通常会长期共存，尽管一些较旧的用法被较少使用，可能会在后期被替换，但是我们很难看到一个特定的"上"的用法完全消失。"上"的新旧含义通过各种隐喻、转喻和语用联系关联起来。总体而言，在"上"的发展过程中会出现意义的增加，但在近年来，"上"的新含义变得更加抽象。

2. 概念隐喻和语用推理如何促成汉语空间词语（即"上"）的语义变化和多义性？更具体地说，概念隐喻和语用推理在各个历史时期对"上"的各种含义起到什么作用？

概念隐喻和语用推理都激发了汉语空间词"上"的创新用法。我们的分析说明，隐喻使"上"具有"高级官员""好/最好""更多""更早的时间/过去""向高级官员提供某物""改进/变得更好""达到更多的数量"的不同含义。"上"的这些用法出现在上古汉语早期和中古汉语中，这说明隐喻在空间词早期的意义中起到了作用。语用推理形成的"上"的扩展含义是"天空/天堂""区域""顶面""去""登上""依附""到达目的地的结果""接触的结果"和"一个抽象的区域"。研究表明，与隐喻相比，基于语用推理所建立的意义往往表明说话者的主观信念，"上"的语法意义更可能受语用推理的驱动。所以，随着在当代汉语和现代汉语中"上"的含义变得越来越抽象，语用推理在其近期的发展中对"上"的含义起着越来越重要的作用。

3. 我们能否将构式方法应用于汉语空间词的分析中？更具体地说，包含"上"的构式如何发展并形成网络？包含"上"的各种构式的发展是否影响了"上"的语义变化？

Traugott & Trousdale 的构式方法可以应用于汉语空间词的分析中。包含空间词"上"的各种构式被分类。我们展示了包含"上"的构式通过融合或继承旧构式的特征而相互联系，并且这些构式以系统的方式发展来满足多种交际需求。我们还发现某些一般构式的发展影响了"上"的用法。首先，［SUB V$_{位于}$方位词］中方位词的发展允许出现新的构式［SUB V$_{位于}$N$_{地点}$方位词］。因此，方位词

"上"可以跟在名词后面，表示一个地方的高处（由名词表示）。其次，定向连动构式的发展和双音节词的发展趋势促进了"上"作为动词补语的语法化。另外，随着包含"上"的各种构式的发展，一个总的趋势是，随着构式中使用的词语种类越来越多，"上"的意义变得越来越抽象。

4. 其他语境因素在汉语空间词（即"上"）的语义中起什么作用？更具体地说，各种语境因素，包括搭配、构式意义、使用频率和体裁类型，如何影响"上"的用法？

事实表明，随着与"上"的搭配类型越来越多，"上"的含义也变得越来越抽象，但是搭配本身的变化可能不会导致"上"的新含义。这种经常与"上"一起出现的搭配类型（如在"上"之前经常使用的抽象名词）为"上"的语义变化创造了可能（"上"表示一个抽象的区域，因为它经常与抽象名词一起出现）。也就是说，类型频率在这里起到了推动"上"语义变化的作用。除了类型频率之外，我们已经表明邀请推理的高频率允许推理在语言社区中传播并能够建立编码含义。因此，我们虽然在本书中没有关注频率的作用，但不可否认的是，使用频率是促进语言项新含义的重要因素。我们还发现包含"上"的构式的含义往往变得不那么具体。随着构式的意义变得越来越抽象，"上"的意义也变得越来越抽象。此外，本书未关注体裁类型对语义变化的作用，但是我们发现，作为后置词的"上"在现代汉语中的各类体裁中往往表现出不同的话语功能，这表明空间词的特定用法可能仅限于特定的体裁类型。

第二节 研究意义、局限性及未来研究方向

一、研究意义

以往关于汉语词项语义变化的研究大多只是简单地列举了该词的各种用法，很少对导致特定词发展的动机进行深入的探讨。此外，很少有研究回答多义词的各种含义（或语法功能）如何在历时上相互关联这一问题。本书不仅展示了导致空间词"上"发展的各种因素，包括概念隐喻、邀请推理、构式变化等，而且从历时角度展示了"上"各种用法的语义相关性。本书结果表明汉语空间词的各种用法之间的共时语义关系是历时发展的结果。因此，本书揭示了当前的多义词用法是如何以系统的方式通过历时演变形成的。

此外，语言变化的构式方法很少被应用于汉语空间词的研究中。通过展示包含"上"的各种构式在多种语言环境中的发展方式以及这种发展如何影响"上"的意义，本书概述了语境因素对汉语方位词语义变化（和语法化）的作用。我们的研究已经表明包含"上"的新构式不是随机出现的，而是通过与旧构式融合或继承它们的特征来与旧构式连接，这表明构式是相关的并且可以形成网络。

本书论证了隐喻和推理对汉语空间词语历时发展的作用。这项研究是基于历史语言数据的，因此它更全面地描述了认知过程和语境因素对汉语空间词语语义变化（和语法化）的作用。此外，我们还表明不同的"上"的意义可能是概念隐喻和邀请推理共同作用的

结果，这表明语言结构可以反映认知系统和交际系统。因此，这一发现研究符合 Coussé 和 von Mengden 的观点，即认知导向和交际导向的观点相辅相成，都有助于建立基于使用的语言模型。

最后，本书还基于从历史数据中提取的实例，确定了空间词"上"的词源和演化路径。研究发现，虽然与其他语言的方位词有一些相似的发展规律（具有空间词新旧两义/语法功能并存的中间阶段，并呈现出从表示更具体的意义到表示更抽象的意义的趋势），汉语空间词有其自身的发展方式（适应句子语境的灵活性和双音节词的发展倾向）。因此，我们的研究也揭示了汉语的发展历史以及语义变化和语法化的本质。

二、研究局限性

数据来源可能会影响本书的结果。为了限制数据来源对研究结果的影响，当从不同历史时期的语料库中收集数据时，我们收集了各种体裁的书面文本，并保持体裁类型的一致性。我们相信不会有较大的数据偏差，因为本书分析了 2700 多个"上"的实例，这些实例足以代表每个时期的大多数"上"的用法。

本书不可避免地会涉及主观判断，可能会影响研究结果。主观性可能包括从书面文本中选择"上"的创新用法、对"上"的意义的分类、对"上"各种含义之间语义关系的识别，以及对包含"上"的各种构式之间的联系的判断等过程。我们希望通过查阅各种资源，在基于使用的方法中依靠相关定义和标准，确保判断的一致性，尽量将主观性的影响降到最低。

历史文本记录通常很少，因此频率水平让新构式或"上"的新用法获得"单元状态"是有问题的。由于使用频率不是本书的主要关注点，我们只将"足够的频率"与文本记录中的重复性和规范化联系起来。

三、未来研究方向

我们下一步可以收集更多种类的数据，如更多的体裁和口语语料，来更全面地展示空间词"上"的使用情况。我们也可以比较不同体裁或书面语与口语之间"上"的用法，进一步了解汉语空间语言的性质。

只要有汉语标注的历史语料库，并且语料库足够大，我们就可以利用计算和统计的方法研究像"上"这样的汉语空间词的语义发展，将更多的量化方法应用于大型数据集中，可以提供更多令人信服的证据，进一步证明频率在历史发展中对汉语空间词的作用。

另外，我们下一步还可以考察空间词"下"的用法，来展示"上"和"下"用法之间的对称和非对称特征。"下"是否表现出与"上"类似的历时发展模式以及"上"的发展如何影响"下"的含义变化，这些都是有待进一步探讨的问题。

参考文献

一、中文文献

[1] 梁银峰. 汉语趋向动词的语法化 [M]. 上海：学林出版社，2007.

[2] 孙中原. 墨子解读 [M]. 北京：中国人民大学出版社，2013.

[3] 胡晓慧. 动词后"上"与"下"、"来"与"去"的语义演变及其不对称性 [D]. 杭州：浙江大学，2010.

二、英文文献

(一) 专著

[1] Brugman C M. Story of over [M]. Indiana University Linguistics Club Bloomington Indiana，1983.

[2] Bybee J, Perkins R D, Pagliuca W, etc. The evolution of grammar：tense, aspect, and modality in the languages of the world vol. 196 [M]. University of Chicago Press Chicago，1994.

[3] Bybee J. Diachronic linguistics in the Oxford handbook of

cognitive linguistics [M]. Oxford University Press, 2010.

[4] Bybee J. Frequency of use and the organization of language [M]. Oxford University Press, 2006.

[5] Bybee J. Language change [M]. Cambridge University Press, 2015.

[6] Bybee J. Usage-based theory and exemplar representations of constructions in the Oxford handbook of construction grammar [M]. Oxford University Press, 2013.

[7] Croft W. Radical construction grammar: syntactic theory in typological perspective [M]. Oxford University Press, 2001.

[8] Cuyckens H, Sandra D, Rice S. Towards an empirical lexical semantics in the cognitive linguistics reader [M]. Equinox, 2007.

[9] Goldberg A E. Constructions: a construction grammar approach to argument structure [M]. University of Chicago Press, 1995.

[10] Goldberg A E. Constructions at work: the nature of generalization in language [M]. Oxford University Press, 2006.

[11] Harder P. Emergent and usage-based models of grammar in cognitive pragmatics [M]. De Gruyter Mouton, 2012.

[12] Heine B, Claudi U, Hünnemeyer F. Grammaticalization: a conceptual framework [M]. University of Chicago Press, 1991.

[13] Heine B. Cognitive foundations of grammar [M]. Oxford University Press, 1997.

[14] Hopper P J, Traugott E C. Grammaticalization [M]. Cambridge University Press, 2003.

[15] Lakoff G, Johnson M. Metaphors we live by [M]. University of Chicago Press, 2008.

[16] Langacker R W. A usage-based model in cognitive linguistics [M]. Amsterdam/Philadelphia: John Benjamins, 1988.

[17] Langacker R W. Foundations of cognitive grammar: volume I: theoretical prerequisites [M]. Stanford University Press, 1987.

[18] Levinson S C. Three levels of meaning in reasoning, meaning, and mind [M]. Cambridge University Press, 1995.

[19] Patten A. The English it-cleft: a constructional account and a diachronic investigation: vol. 79 [M]. Walter de Gruyter, 2012.

[20] Qi H. Cognitive research on the space in comtemporary Chinese [M]. The Commercial Press, 2014.

[21] Rohrer T. Embodiment and experientialism in the Oxford handbook of cognitive linguistics [M]. Oxford University Press, 2010.

[22] Shi Y. The establishment of modern Chinese grammar: the formation of the resultative construction and its effects [M]. Amsterdam: John Benjamins Pub. Co. 2002.

[23] Suzanne K, Michael B. Usage-based models of language [M]. Stanford: CSLI, 2000.

[24] Svorou S. The grammar of space [M]. The Grammar of Space, 1994.

[25] Sweetser E. From etymology to pragmatics: metaphorical and cultural aspects of semantic structure vol. 54 [M]. Cambridge University Press, 1990.

［26］ Talmy L. Semantics and syntax of motion in syntax and semantics vol. 4 ［M］. Brill, 1975.

［27］ Talmy L. Toward a cognitive semantics: typology and process in concept structuring ［M］. MIT Press, 2000.

［28］ Traugott E C, Dasher R B. Regularity in semantic change ［M］. Cambridge University Press, 2002.

［29］ Traugott E C, Trousdale G. Constructionalization and constructional changes vol. 6 ［M］. Oxford University Press, 2013.

［30］ Tyler A, Evans V. The semantics of English prepositions: spatial scenes, embodied meaning, and cognition ［M］. Cambridge University Press, 2003.

［31］ Von Mengden F, Coussé E. The role of change in usage-based conceptions of language in usage-based approaches to language change ［M］. John Benjamins Publishing Company, 2014.

［32］ Xing J Z. Newest trends in the study of grammaticalization and lexicalization in Chinese ［M］. De Gruyter Mouton, 2012.

［33］ Xu D. Typological change in Chinese syntax ［M］. OUP Oxford, 2006.

［34］ Yu N. The contemporary theory of metaphor: a perspective from Chinese ［M］. The University of Arizona, 1996.

(二) 期刊

［1］ Chappell H, Peyraube A. Chinese localizers: diachrony and some typological considerations ［J］. Space in languages of China:

cross-linguistic, synchronic and diachronic perspectives, 2008.

[2] Dong X. Lexicalization in the history of the Chinese language [J]. Newest trends in the study of grammaticalization and lexicalization in Chinese, 2012.

[3] Geeraerts D. Prototype theory and diachronic semantics: a case study [J]. Indogermanische Forschungen, 1983.

[4] Givón T, Syntax A. A functional-typological introduction [J]. Vol. II. Amsterdam, 1990.

[5] Haiman J. Dictionaries and encyclopedias [J]. Lingua, 1980.

[6] Harder P. Meaning as input: the instructional perspective [J]. New directions in cognitive linguistics, 2009.

[7] Hilpert M. Diachronic collostructional analysis: how to use it and how to deal with confounding factors [J]. Current methods in historical semantics, 2012.

[8] Hoffmann S. Are low-frequency complex prepositions grammaticalized [J]. Corpus approaches to grammaticalization in English, 2004.

[9] Kreitzer A. Multiple levels of schematization: a study in the conceptualization of space [J]. Cognitive linguistics, 1997.

[10] Lakoff G, Johnson M, Sowa J F. Review of philosophy in the flesh: the embodied mind and its challenge to western thought [J]. Computational linguistics, 1999.

[11] Lakoff G. Categories and cognitive models: cognitive science program [J]. University of California at Berkeley, 1982.

[12] Langacker R. A dynamic usage-based model [J]. Usage

based models of language, 2000.

[13] Langacker R W. Semantic representations and the linguistic relativity hypothesis [J]. Foundations of language, 1976.

[14] Liu F Shi. A clitic analysis of locative particles [J]. Journal of Chinese linguistics, 1998.

[15] Mair C. Corpus linguistics and grammaticalisation theory [J]. Corpus approaches to grammaticalization in English, 2004.

[16] Patten A L. Grammaticalization and the it-cleft construction [J]. Gradience, gradualness and grammaticalization, 2010.

[17] Peyraube A, Ming L. The semantic historical development of modal verbs of volition in Chinese [J]. Newest trends in the study of grammaticalization and lexicalization in Chinese, 2012.

[18] Peyraube A. On the history of place words and localizers in Chinese: a cognitive approach [J]. Functional structure (s), form, and interpretation: perspectives from east asian languages, 2003.

[19] Radden G. The metaphor TIME AS SPACE across languages [J]. Zeitschrift für interkulturellen fremdsprachenunterricht, 2003.

[20] Sandra D, Rice S. Network analyses of prepositional meaning: Mirroring whose mind—the linguist's or the language user's [J]. Cognitive linguistics, 1995.

[21] Sinha C. Grounding, mapping and acts of meaning [J]. Cognitive linguistics: foundations, scope and methodology, 1999.

[22] Sullivan K. Metaphoric extension and invited inferencing in semantic change [J]. Culture, language and representation, special

issue: metaphor and discourse, 2007.

[23] Talmy L. The relation of grammar to cognition-a synopsis [J]. American journal of computational linguistics, 1978.

[24] Wu F. Origin and evolution of the locative term hòu 'BACK' in Chinese [J]. Space in languages of China: cross - linguistic, synchronic and diachronic perspectives, 2008.

[25] Wu F. Studies on semantic changes in Chinese: retrospection and prospection [J]. Research in ancient Chinese language, 2015.

[26] Xiao P. On grammaticalization of chinese directional verbs shang/xia and their semantic asymmetry [J]. Journal of college of Chinese language and culture of Ji nan university, 2009.

[27] Yang Z, Tan X. An optimality-based mechanism for governing v-phrases with shang/xia [J]. Language science, 2010.

[28] Zhang H. Shang/xia dongci xing zuhe de renzhi kaocha [J]. Language studies, 2002.

(三) 其他

[1] Fillmore C J. An alternative to checklist theories of meaning [C]. Annual meeting of the Berkeley Linguistics Society: vol. 1, 1975.

[2] Talmy L. Semantic structures in English and Atsugewi [D]. Linguistics Department, University of California at Berkeley, 1972.

[3] Zlatev J. Situated embodiment: studies in the emergence of spatial meaning [D]. Stockholm University, 1997.